Flower A. Newhouse und Stephen Isaac

Im Reich der Erzengel

Flower A. Newhouse und Stephen Isaac

Im Reich der Erzengel

Göttliche Boten aus lichten Welten

J. E. Schuschenk
28. 7. 2002

Aquamarin Verlag

Bildnachweise (in der Reihenfolge des Abdrucks):
1. **Angel** von John Melhuish Strudwick (1849-1937), BAL11030,
Roy Miles Gallery, 29 Bruton Street, London W1,
Bridgeman Art Library Int. Ltd., London/New York
2. **The Angel of Death** von Evelyn de Morgan (1855-1919), WDM27996,
The De Morgan Foundation, London/Bridgeman Art Library Int. Ltd, London/New York.
3. **Angel** von Sir Edward Burne-Jones (1833-1898), CMY40180,
Private Collection/Bridgeman Art Library Int. Ltd., London/New York
4. **Christ in the Sepulchre**, Guarded by Angels von William Blake (1757-1827), SC 14474,
Victoria & Albert Museum, London/Bridgeman Art Library Int. Ltd., London/New York
5. **Die Verkündigung** von Sandro Botticelli (1444/5-1510), SCP44242,
Galleria degli Uffizi, Florenz (Italien/London/Bridgeman Art Library Int. Ltd,
London/New York)
6. **Night with her Train of Stars** von Edward Hughes
With Courtesy of Birmingham Museum and Art Gallery, Birmingham, England
7. **Angel of Suffering**, Right Hand Angel from the St. Catherine Window, Christ Church
Cathedral, Oxford (Sir Edward Burne-Jones), ASD 54929
Courtesy of Dean & Canons Church Cathedral, Oxford (BAL)
8. **Twilight Fantasies** von Edward Robert Hughes (1851-1914), MAA54993,
The Maas Gallery, London/Bridgeman Art Library Int. Ltd., London/New York

Deutsche Übersetzung: Dr. Edith Zorn
Layout: Annette Wagner
2. Auflage 1999

Voglherd 1 • D-85567 Grafing
Druck: Ebner Ulm

ISBN 3-89427-106-X

Inhalt

Danksagung

Allen denjenigen, die an der Herausgabe des vorliegenden Buches beteiligt gewesen sind, möchte ich herzlich danken. Mein besonderer Dank gilt Gwen Hulbert, Evelyn Alemanni, William C. Vest und meiner Frau Phyllis für ihre Zeit und ihre Sachkenntnis.

Vorwort

Im Alter von zehn Jahren begegnete ich Flower zum ersten Mal. Diesen Augenblick werde ich niemals vergessen. Meine Mutter, die sich auf der Suche nach ihrem geistigen Weg befand, hatte in der Lokalzeitung eine Anzeige entdeckt, die einen Vortrag über Engel ankündigte, den eine Frau namens Flower Newhouse halten sollte. An jenem Abend durfte ich meine Mutter begleiten.

Der Vortragsraum lag auf der ersten Etage eines alten Gebäudes in der Stadtmitte. Er war nicht sehr groß, und wir saßen auf hölzernen Klappstühlen.

Dann betrat Flower den Raum. Sie war in Weiß gekleidet und blickte jedem der Anwesenden in die Augen, so als wollte sie eine alte Bekanntschaft neu beleben. Für mich, wie wahrscheinlich für alle anderen, war sie ein Engel in Menschengestalt. Jener Augenblick der ersten Begegnung bleibt unauslöschlich in meinem Gedächtnis haften.

Die Jahre vergingen. Ich wuchs heran, und meine Familie zog von Oregon nach Südkalifornien, in die Nähe von Questhaven, dem spirituellen Zentrum von Flower A. Newhouse. Mit zunehmender Faszination las ich Flowers Bücher über Engel und lauschte ihren Vorträgen zu demselben Thema - eine wundersame Welt öffnete sich, die weit jenseits meines Erfahrungsbereiches lag.

Eines morgens, ich war damals wohl Mitte Zwanzig, wachte ich auf und lag eine Weile gedankenverloren da, als ich plötzlich in das Antlitz eines Lichtwesens von ungeahnter Schönheit emporblickte. Seine großen, strahlenden Augen waren erfüllt von unsagbarer Liebe. Es überflutete mich mit einem Lächeln unbeschreiblicher Freude. Ein wunderbarer Energiestrom ging von ihm aus, der jedes einzelne Atom meines Körpers belebte. Ich starrte etwa ein bis zwei Minuten lang in diese herrliche Augen. Dann verblaßte die Erscheinung. Nachdenklich lag ich da und erkannte mit einem Male, daß es mein Schutzengel gewesen war, der mir seine rückhaltlose Liebe und Treue zu verstehen gegeben hatte.

Dieses Erlebnis bewirkte einen Wandel in mir. Zusammen mit jener ersten Begegnung mit Flower steht es für die Wahrheit dessen, was im folgenden Buch beschrieben wird.

Dr. Stephen Isaac

Questhaven Retreat,Escondido, Kalifornien

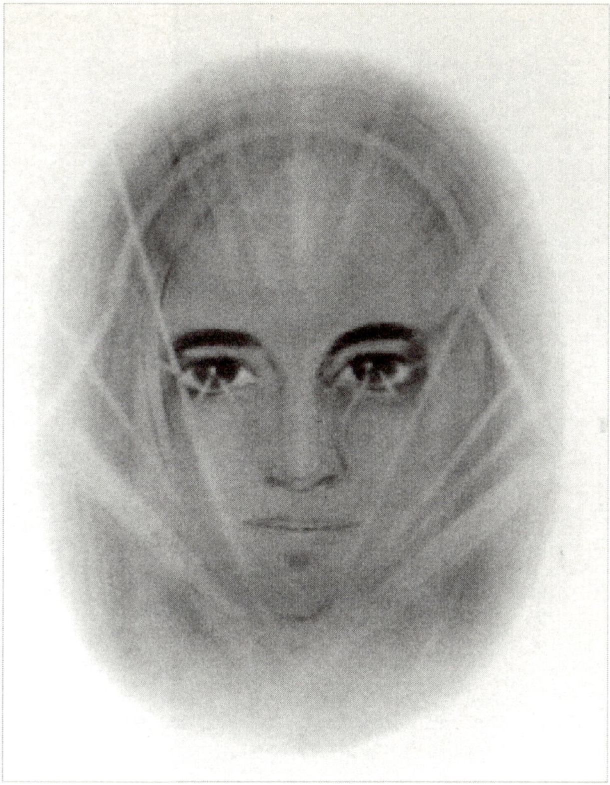

Das Reich der Engel

Wir wollen mit den geistigen Welten beginnen, jenen Bereichen, die der Christus das „Himmelreich“ nannte. Diese bestehen aus zahlreichen unterschiedlichen Ebenen und Sphären. Hier befindet sich nicht nur unsere wahre Heimat, sondern auch die Wohnstatt der Engel. Hier halten wir uns zwischen den einzelnen Inkarnationen auf.

Die Seele, die uns dieses Wissen schenkte, widmete ihr Leben der Aufgabe, uns die christliche Mystik, mit ihren Zentralthemen der Gottes- und Christus-Erfahrung sowie des Erlebens der inneren Welten, zu vermitteln. Sie wollte mit ihrer Arbeit die Menschen nicht in Staunen versetzen oder jene Tatsachen verherrlichen, sondern eher, vergleichbar mit der Entdeckungsfahrt des Kolumbus, Zugang zu unbekannten Wirklichkeiten schaffen.

Flower A. Newhouse besaß die Fähigkeit, die verborgenen Dimensionen des Lebens zu erschauen. Sie erblickte die Bewohner der inneren Welten - Naturwesen, Engel, erhabene Seelen, die die Lektionen des Lebens gemeistert haben, herrliche Reiche von Form und Farbe, die jenseits aller Beschreibung liegen - mit einem Wort, den Himmel mit allen seinen Wundern.

Sie erinnerte sich an ihre früheren Leben, und diese Einblicke und Erinnerungen trugen zu ihrer Weisheit als spirituelle Lehrerin bei. Ihr Ziel war es, die Flamme christlicher Mystik als Grundlage und

Wegweiser geistigen Lebens neu zu entfachen und den Menschen zu helfen, das Reich der Engel wiederzuentdecken.

Das vorliegende Buch beschäftigt sich mit dieser Aufgabe, für deren Erfüllung Flower sich in einzigartiger Weise eignete, denn sie entstammte der Engel-Evolution. Etwa vierzehn Inkarnationen zuvor war sie in die Menschen-Evolution hinübergewechselt, ein ungewöhnlicher Schritt, der es ihr jedoch ermöglichte, die beiden Reiche einander näherzubringen. Flower besaß die Hellsichtigkeit oder innere Schau eines Engels sowie die herausragenden Charakterzüge dieses Reiches - Gott zu gehorchen, die Wahrheit zu ehren und selbstlos zu lieben.

Aufgrund ihrer Verwandtschaft mit dem Engelreich vermochte sie die Vielfältigkeit, in der jene Wesen wirkten, in einzigartiger Weise zu enthüllen. Abgesehen davon war sie selbst eine faszinierende Gestalt. Wenn man ihr zum ersten Mal begegnete - was meistens bei einem ihrer Vorträge geschah - konnte man sich der Empfindung nicht erwehren, vor einem inkarnierten Engel zu stehen. Ihre Autorität, die ihrer Herkunft und ihrem Erfahrungsschatz entsprang, erhärtete die Wahrheit ihrer Worte. Sie sprach, als kenne sie die Richtigkeit dessen, was sie zu sagen hatte, aus erster Hand. Ihr Verhalten spiegelte die Anmut und Freude wider, die jenen überirdischen Wesen zu eigen sind. Doch ihre geistige Lebensführung ließ am stärksten auf ihren Ursprung schließen. Täglich verrichtete sie die Arbeit, mit der ihr himmlischer Vater sie beauftragt hatte. Die oft typischen Schwankungen menschlichen Verhaltens waren ihr fremd. Sie lebte, was sie lehrte, ohne zu heucheln oder auf Abwege zu geraten.

Flowers Wahrnehmung der inneren Welten zeigte sich besonders an ihren Augen. Beständig beobachtete sie die Engel und Naturwesen in ihrer Umgebung. Wenn man sich mit ihr unterhielt, schweiften ihre Blikke freudig umher, die dem bloßen Auge unsichtbaren Besucher grüßend. Sie schaute an ihrem Gesprächspartner vorbei, so wie jemand, der gedankenverloren in den leeren Raum starrt. Sie jedoch sah mit ihrem dritten Auge. Dies zeigte sich besonders deutlich, wenn sie die menschliche Aura studierte. Einige Sekunden lang schien sie das gesamte Sein ihres Gegenübers zu durchdringen, um zu etwas Besonderem tief im Innern vorzustoßen.

Die meisten von uns kennen diese Welten nur indirekt oder erfassen sie intuitiv. Unsere natürliche Sehnsucht nach einer vollkommenen Welt, einer Welt der Wahrheit, Gerechtigkeit, Harmonie und Schönheit, des Friedens und der Liebe, bringt uns ihrer Wirklichkeit wohl am nächsten. In unserer Unwissenheit halten wir eine solche Vorstellung für idealistisch und naiv, eine kindliche Phantasie, die nie wahr werden wird. Und doch, der Gedanke birgt eine gewisse Faszination, so als hätten wir einen solchen Ort einst gekannt und müßten ihn nun wieder suchen. Jede Weltreligion verspricht die Existenz eines solchen himmlischen Reiches, sei es Paradies, Nirvana, Arkadien oder Walhalla genannt. Glauben und Wahrhaftigkeit lassen es uns erreichen.

Flower lehrte, daß es sich bei jenen Orten tatsächlich um reale Welten handelte und es unsere schwachen Erinnerungen daran waren, die unsere Hoffnungen aufrechterhielten. Sie beschrieb das Engelreich als ein Reich, in dem Ordnung, Gehorsam und Harmonie herrschten und in dem es die Leidenschaften und Schmerzen des Menschenpfades nicht gab. Es ist älter als die Menschheit, und seine Bewohner sind weit höher entwickelt. Die äußerst selbstlose und zielbewußte Ausrichtung der Engel steht in krassem Gegensatz zu den inneren Konflikten und selbstsüchtigen Motiven, mit denen die Menschen zu kämpfen haben.

Die Engel spielen in der Schöpfung eine zentrale Rolle. Sie dienen ihrem Schöpfer, indem sie die das Universum formende Struktur und Ordnung aufrechterhalten. Vergessen wir für einen Augenblick unseren eigenen Planeten und betrachten die einige Billionen Lichtjahre umfassende Weite des bekannten Universums, eines weitgehend leeren Raumes, den nur hier und da Billionen verstreuter Galaxien erfüllen, eine jede Billionen von Sternen enthaltend, von denen wiederum einige mehrere Planeten besitzen können. Flowers Bemerkung, daß die Handvoll Engel, derer wir Erdenbewohner uns bewußt werden können, nur ein Bruchteil der Scharen im Universum sind, verwundert daher nicht. Derartige Überlegungen übersteigen normalerweise das menschliche Fassungsvermögen. Doch sie weisen auf die Unendlichkeit Gottes hin und die wesentliche Rolle, die die Engel bei der Erfüllung Seines Schöpfungsplanes spielen.

In unserem persönlichen Leben tragen Engel entscheidend zu unserer geistigen Entwicklung bei, vor allem was unsere Nähe zu Gott betrifft. Unglücklicherweise legen wir unserem eigenen Denken und Fühlen übermäßiges Gewicht bei und wissen erstaunlicherweise nicht, wieviel davon seinen Ursprung im Reich der Engel besitzt.

In Anbetracht ihrer Allgegenwart und Bedeutung wundert man sich, warum die Allgemeinheit nur so wenig über ihre Existenz und ihren Stellenwert im Dienste unseres Planeten weiß. Gewiß, die Heiligen Schriften der Weltreligionen berichten von Engeln und das Alte und Neue Testament legen eindeutig Zeugnis ab von ihrer Existenz. In den Apokryphen werden sie besonders häufig erwähnt. Die Lehren Mohammeds stammen vom Erzengel Gabriel. Die antike Literatur Indiens spricht von Wesenheiten, die sie Devas nennt. Das aus prähistorischer Zeit stammende Reich der „Geister" gehört auch heute noch zur Religion gewisser Naturvölker.

Doch nur wenig ist über Wesen, Erscheinungsform und Aufgabe der Engel bekannt. Über wundersame Kräfte verfügend, scheinen sie in erstaunlicher Weise hier und dort im Laufe der Geschichte aufzutreten, um sich ebenso geheimnisvoll wieder im Dunst unserer Vergangenheit zu verlieren. Uns bleibt nur eine Reihe vereinzelter, unzusammenhängender Vorkommnisse, die ihre Wirklichkeit bezeugen, aber keine klare Auskunft darüber geben, wer sie sind, woher sie kommen und was ihre Aufgaben sind.

Ihr Geheimnis beruht zum großen Teil auf dem Schleier der Unsichtbarkeit, der sie gewöhnlich umhüllt. Im allgemeinen existiert nur das für uns, was wir sehen oder anfassen können. Die selten gewährten, flüchtigen Einblicke vermitteln lediglich einen bruchstückhaften Eindruck von diesen herrlichen Wesen. Selbst wenn wir diese Fragmente zusammenfügen wollten, ergäben sie kein einheitliches Bild von ihrer Erscheinung und ihrer Mission oder ihrer Rolle innerhalb der Geschichte. Diese Tatsache allein mag erklären, warum die Menschen nicht an ihre Existenz glauben.

Doch wir stehen an einem Wendepunkt. 1990 veröffentlichte Sophy Burnham ihr Buch *A Book of Angels*. Das Thema „Engel" war über Nacht interessant geworden. Andere Bücher erschienen, und auch das Fernsehen nahm sich dieses Gegenstandes an, zum Beispiel mit der Sendung „Ein Engel auf Erden". Engel erscheinen in Menschengestalt und wirken still und unauffällig auf das Leben einzelner Menschen ein. Sie tauchen plötzlich aus dem Nichts auf und beschützen bestimmte Individuen oder rütteln sie wach und führen so notwendige Lebensveränderungen herbei. Dann verschwinden diese wohlwollenden Besucher aus einer anderen Welt ebenso geheimnisvoll wie sie gekommen sind und werden nicht mehr gesehen.

Derartige Manifestationen ereignen sich tatsächlich. Vor einigen Jahren erzählte uns eine Frau, die an einer Veranstaltung in Questhaven teilnahm, ihre bemerkenswerte Geschichte. Sie befand sich auf der Fahrt nach Los Angeles, um eine Freundin zu besuchen, als ein Autoreifen platzte. Sie fuhr auf die Seitenspur, um nach einem Telefon Ausschau zu halten. Plötzlich war sie von einer Horde junger Burschen umgeben, die sie bedrohten und verhöhnten. In diesem Augenblick hielt ein Auto neben ihrem Wagen. Ein dunkelhäutiger, kräftig gebauter Mann stieg aus und fragte, ob er behilflich sein könnte. Seine machtvolle Ausstrahlung ließ die Burschen rasch das Weite suchen. Während er sich lächelnd und anregend mit der Frau unterhielt, wechselte er den Reifen ihres Autos, schlug einen anderen Weg zum Haus der Freundin vor und verabschiedete sich. Die Frau wollte ihn für seine Hilfeleistung entgelten, doch er lehnte freundlich ab. Bevor sie losfuhr, drehte sie sich noch einmal um, doch niemand war mehr zu sehen.

Solche Begebenheiten ereignen sich häufiger, als man annehmen möchte, schenkt man den verschiedenen Büchern, die davon berichten, Glauben. Doch die Frage, wie oft es sich dabei um wahre Begegnungen mit Engeln oder bloß guten Samaritern handelt, bleibt dahingestellt. Derartige Phänomene seien hier erwähnt, da in diesen Fällen Engel vorübergehend in einer ihr unüblichen Gestalt erscheinen, obgleich sie, wie Flower bestätigte, dazu fähig sind.

Flower bemühte sich ein Leben lang, das geistige Wesen der Engel zu enthüllen. Davon soll in diesem Buch die Rede sein. Das Engelreich, von dem sie sprach und das wir möglichst selbst erfahren sollten, ist eine Evolutionslinie, die Gott lange vor der Menschheit erschaffen hat. Diesen außergewöhnlichen Wesen wurde in großem Umfang die Verantwortung übertragen, die Ordnung des Universums aufrechtzuerhalten und seinen Fortschritt zu sichern.

Was den Planeten Erde anbelangt, besteht die Aufgabe der Engel darin, seine Evolution und sein Wohlergehen zu unterstützen und uns Menschen auf unserer Reise zu Gott zu beschützen.

Im Folgenden werden wir diese Aufgabe im Einzelnen nach den Angaben von Flower betrachten. Wir begeben uns damit auf eine Entdeckungsreise. Unsere Fähigkeit, innere Eindrücke und Erkenntnisse wahrzunehmen, wird am ehesten angesprochen werden. Gedanken „aus heiterem Himmel" bestätigen, daß es eine Intelligenz jenseits unserer eigenen gibt. Derartige Einsichten besitzen eine Weisheit, die unsere Erkenntnis von Schöpfer und Schöpfung bereichern. Es handelt sich dabei nicht unbedingt um glorreiche Offenbarungen, die eines Propheten würdig sind, doch sie beinhalten stets eine gewisse Wahrheit in bezug auf das Leben oder uns selbst, die wir vordem weder erkannt noch geschätzt haben. Es sind jene lebensverändernden und erleuchtenden Augenblicke der Wahrheit, die kleinen Erfahrungsdinge, die winzigen Schritte vorwärts, die zu Wachstum führen. Ein Naturliebhaber faßte es einmal in die Worte: „Schaue, lausche und lerne. Die gesamte Natur ist eine einzigartige Lehrerin." Bevor er zu dieser Einsicht gelangt war, hatte er die Blumen am Wegesrand und die Herrlichkeit der Natur nicht wahrgenommen, da sein Augenmerk allein dem Erklimmen einer Bergspitze galt.

In diesen Augenblicken des Erkennens ist es meistens unser Schutzengel, der als Lehrer wirkt. In weiser Voraussicht wartet er geduldig auf den richtigen Moment, der eine solche Offenbarung ermöglicht und das Tor zur inneren Wahrnehmung öffnet.

Flower ermahnte ihre Schüler häufig, daß Einsichten in die Mysterien des Lebens - in diesem Falle der Engel - auch die Verantwortung mit sich bringen, das gewonnene Wissen zu leben. Wenn wir aus Neugierde oder intellektueller Gewinnsucht nach Informationen suchen, sie aber nicht ihrer Weisheit gemäß in unser Leben einbauen, ziehen wir Karma auf uns, das unseren Zugang zu diesen Mysterien in nachfolgenden Leben begrenzt. Daher sollten wir in Wort und Tat gemäß unserer inneren Erfahrung leben, um uns einer solchen Enthüllung als würdig zu erweisen.

Engel des
Schicksals

Vier große Wogen himmlischen Lebens dienen unserem Planeten. Eine von ihnen, das Naturreich, wirkt nur selten unmittelbar auf die Menschen-Evolution ein. Die Scharen treuer Helfer in dieser Welt reichen vom winzigen Elementarwesen der Felsen und Pflanzen bis hin zu den herrlichen Engeln, die über Gebirgsketten, Meere und andere weit ausgedehnte Reiche herrschen. Ihnen wurde das Buch *Die Engel der Natur* gewidmet. Im Folgenden wollen wir uns den drei übrigen Wogen zuwenden.

Einer dieser Pfade umfaßt die „Engel im Dienste Christi". Ihre Aufgabe besteht darin, das Bewußtsein der Menschheit durch die sich vertiefende Erfahrung von Anbetung, Heilung und Gebet zu Gott emporzuheben. Zur zweiten Woge gehören die „Engel des Hl. Geistes", die den einzelnen Menschen erwecken und in allen Lebensbereichen inspirieren und erleuchten. Die dritte Gruppe von Engeln wirkt als Lenker des menschlichen Schicksals. Sie sind direkt mit dem Fortschritt des Individuums verknüpft. Zu ihnen gehören auch die Schutzengel, über die wir wohl am meisten zu berichten haben.

Doch um diese drei Wogen von Engeln, die unsere Menschheit unterstützen, verstehen zu können, müssen wir uns zunächst der menschlichen Evolutionslinie selbst zuwenden. Soweit wir aus wissenschaftlicher Sicht wissen, wurzelt sie in prähistorischer Zeit. In jenen dunklen Anfängen läßt sich nur schwerlich zwischen Tier- und Menschenreich unterscheiden. Doch die Entwicklung von Sprache, die Erfindung von Werkzeugen, die Herrschaft über das Feuer und nicht zuletzt das Auftreten von religiösen Riten bilden eine klare Trennungslinie. Die allmähliche Entwicklung der Religion charakterisiert den Fortschritt menschlichen Bemühens im Laufe von Äonen. Doch nicht der Kollektivgewinn zählt, sondern das Wachstum der einzelnen Seele, wenn sie eine bestimmte Herausforderung gemeistert oder Einblick in eines der großen Lebensmysterien gewonnen hat. In diesem Zusammenhang nehmen die Engel Einfluß auf die Menschheit, indem sie als Werkzeug wirken und uns an die Schwellen der Einweihung geleiten, die unsere lichtwärts gerichtete Reise kennzeichnen. Es obliegt uns allein, diese Schwellen zu überschreiten. Aber das unfehlbare, sorgende Wesen der Engel ist es, das den Weg bereitet und die Energien entfaltet, die unsere Siege ermöglichen.

Der Weg von jenen Urzeiten bis zur Meisterschaft umfaßt unzählige Inkarnationen. Die Tatsache der Reinkarnation läßt jedes Dasein auf Erden zum Klassenraum in der Schule des Lebens werden. Zwischen den einzelnen Verkörperungen kehren wir in unsere Heimat zurück, denn wir sind Kinder der Ewigkeit. Die Gesetze des Karma, nach denen wir für unsere Fehler und Vergehen verantwortlich gemacht, aber auch für unsere Siege und gute Arbeit belohnt werden, wachen über unseren Fortschritt in der Erdenschule.

Aufgrund der Verbindung zu östlichen Lehren ist es wesentlich, den Stellenwert von Reinkarnation und Karma auch im Lichte westlichen und vor allem christlichen Gedankenguts zu sehen. Die Reinkarnationslehre ist dem Westen niemals unbekannt gewesen.

In ihrem Buch *Reinkarnation* verfolgen Joseph Head und S.L. Cranston den Ursprung dieser Lehre bis zu der legendären Gestalt des Orpheus zurück, dem Begründer der mystischen Tradition des antiken Griechenlands. Die Reinkarnationsvorstellung findet sich auch bei Pythagoras und Platon[1].

Sowohl die Essener als auch die Pharisäer, zwei bedeutende Zweige des Judentums zu Lebzeiten Jesu, akzeptierten die Lehre der Wiedergeburt, einen Glauben, der zur damaligen Zeit überall in der Welt seine Anhänger fand. Die antiken Juden erwarteten die Wiedergeburt ihrer großen Propheten. Selbst die abschließenden Worte des Alten Testamentes geben Zeugnis von dieser Tatsache: „Siehe, bevor der Schrecken bringende Tag Jehovas naht, werde ich euch Elias, den Propheten, senden“ (Malachias 3,23). Jesus spricht im ersten Buch des Neuen Testaments: „Wahrlich, ich sage euch: Unter den vom Weibe Geborenen ist kein Größerer aufgestanden als Johannes der Täufer...Denn alle Propheten und das Gesetz bis hin zu Johannes haben geweissagt, und wenn ihr es annehmen wollt: er ist Elija, der kommen soll. Wer Ohren hat, der höre.“ (Math.11,11-15)

Während der Frühzeit des Christentums war die Reinkarnationslehre weit verbreitet. Origenes, einer

1) Vgl. Peter Michel • Karma und Gnade, Grafing 1993

der herausragenden Kirchenväter, schrieb in De Principiis: *„Jede Seele tritt in diese Welt, gestärkt durch die Siege oder geschwächt durch die Niederlagen eines vorangegangenen Lebens. Ihr Platz in dieser Welt als ein Gefäß, berufen zu Ehre oder Schmach, wird von früheren Verdiensten oder Fehlern bestimmt. Ihre Arbeit in dieser Welt bestimmt den Platz in der Welt, die dieser folgt...“*

Nicht jeder in der jungen Christenkirche befürwortete die Reinkarnationslehre. Einige vielleicht deshalb nicht, weil die Härten und Leiden des Erdendaseins eine Wiederholung nicht gerade wünschenswert erscheinen ließ. Das Bemühen um Erlösung und das ewige Paradies schien da erstrebenswerter zu sein. Andere erkannten in der Sorge um den Fortbestand der Kirche, daß eine solche Lehre die Mitglieder zum Aufschub ihrer kirchlichen Verpflichtungen bewegen könnte. Wieviel wirksamer gestaltete sich da doch die „jetzt oder nie“ Position der Priester in bezug auf ihre Gemeinden.

Im Laufe der Jahrhunderte nach Origenes nahmen die Spannungen in der Kirchenpolitik zu. Unter dem Deckmantel einer Präexistenzlehre der Seele wurde das Reinkarnationsthema zum Hauptgegenstand des Kirchenkonzils von 553. Nach jahrzehntelangem Disput siegten der byzantinische Kaiser Justinian und seine Anhänger. Die Lehre von der Präexistenz der Seele und somit der Reinkarnation fielen unter den Kirchenbann, das heißt, sie wurde verflucht und verurteilt. Damit war diese Lehre innerhalb der Christenkirche nicht mehr akzeptabel.

Es erübrigt sich, auf die weitere Kirchengeschichte einzugehen. Zu erwähnen bliebe jedoch, daß die Reinkarnationslehre im Westen nie völlig ausgestorben und auch heute noch lebendig ist. Jene Entwicklung muß jedoch in ihre historische Perspektive gesetzt werden, da sie die Grundlage zu den folgenden Aussagen über die „Engel des Schicksals" bilden.

Das Phänomen der Reinkarnation und das Gesetz des Karma sind miteinander verknüpft. Die oben zitierte Aussage des Origenes spielt darauf an, wenn er sagt, daß Siege die Seele stärke, Fehlschläge aber schwäche. Der Apostel Paulus drückt diesen Sachverhalt noch kürzer aus, wenn er sagt: „Was der Mensch sät, das wird er ernten" (Gal. 6,7). Beide Aussagen bringen das Prinzip des karmischen Gesetzes zum Ausdruck, das jede unserer Handlungen mit den entsprechenden Konsequenzen versieht. Mit anderen Worten, Karma ist die Anhäufung von Verdiensten und Schulden, was peinlichst genau aufgezeichnet und aufbewahrt wird. Erhabene Engel tragen die Verantwortung für den ungeheuren, detaillierten Schatz an Informationen.

Um einen Maßstab für ihre Aufgabe zu setzen, wollen wir uns zwei recht unterschiedlichen Lebensperspektiven zuwenden. Die erste betrachtet das Leben als eine Reihe von zufälligen, nicht vorherbestimmten Ereignissen, deren Ausgang wenig mit Gerechtigkeit oder Verdienst zu tun hat. Für einen solchen Menschen besteht das Leben aus einer Kombination von Glück und Überlebenskunst. In Reichtum oder Armut geboren zu werden, mit einem gesunden oder verkrüppelten Körper, als Eskimo oder Südisländer, diese Dinge beruhen ausschließlich auf dem Schicksal und dem reinen Zufall.

Vom zweiten Standpunkt aus gesehen, gestaltet sich das Leben als sinnhaft, gerecht und verdienstvoll. Alles beruht auf vergangenen Entscheidungen und Handlungen. Wir sind die Urheber unserer eigenen Umstände, guter oder schlechter, und wenn wir unser Schicksal verbessern wollen, dann müssen wir uns selbst ändern.

Im ersten Falle besitzen wir keinerlei Macht über unser Schicksal, was uns zynisch werden und resignieren läßt. Wir haben keine Hoffnung und existieren nur. Im zweiten Falle jedoch erkennen wir, daß wir aufgrund unseres freien Willens unsere Zukunft selbst zu gestalten vermögen. Da bereits zahlreiche von Tätigkeit und Untätigkeit erfüllte Inkarnationen hinter uns liegen, müßte es in Gottes Welt einen Ort geben, an dem alle vergangenen Ereignisse, die sich auf unser Karma beziehen, verzeichnet sind, damit wir daraus schöpfen könnten, um in Vorbereitung auf ein erneutes Leben unsere Schulden abzuzahlen. Dieser Ort wird Akasha-Chronik genannt.

Nach den Erkenntnissen von Flower Newhouse befindet er sich in der Mentalwelt und besteht aus einem hochempfindsamen und leicht imprägnierbaren Film mentaler Essenz. Kein Gedanke und keine Tat löst sich aus dem Bereich der menschlichen Aura, ohne in dieser „Geschichte des Lebens" sichtbar zu werden. Diese Aufzeichnungen werden von *Tawonel-Engeln*, die sich auf der Stufe der Erzengel befinden, gehütet. Sie schützen diese lebendigen Bildschirme mit ihrem gewaltigen Lichtschild. Ihre Gegenwart sichert die Genauigkeit und Unveränderbarkeit der Aufzeichnungen. Es obliegt ihnen auch, fortwährend die Bilder zu beobachten, die in jedem Moment aus allen Ländern der Erde, aus allen Völkern, hier eingehen.

Diese treuen Wächter, die als „Engel des Schicksals" bekannt sind, erstrahlen in innerem Glanz. Einblick in die Akasha-Chronik zu gewinnen, gestaltet sich als ehrfurchtgebietendes und einschüchterndes Unterfangen. Flower bemerkte einmal dazu, daß man sich kaum vorstellen könnte, was ein solches Gesuch von dem Bittsteller verlangte. Sie selbst verbrachte oft Stunden der inneren Vorbereitung, um die äußerst gewissenhafte Prüfung der „Engel des Schicksals" zu bestehen. Man sollte diese anstrengende Arbeit nicht unterschätzen. Der Einblick in die Aufzeichnungen kann furchterregend sein, da die Bilder der Vergangenheit, unsere Gemeinheiten, Fehler und Niederlagen, nicht unbedingt schmeichelhaft sind. Die Vergangenheit ist dumpfer, primitiver und erdgebundener und zum größten Teil ereignislos und langweilig.

Die *Tawonel* beurteilen jede Anfrage nach vier Kriterien:

1. Besitzt der Fragesteller Integrität?
2. Liegt das richtige Motiv vor?
3. Dient das gewonnene Wissen einem guten Zweck und weiterem geistigen Wachstum?
4. Braucht der Fragesteller dieses Wissen?

Neugierde oder egoistische Beweggründe werden auf diese Weise ausgeschaltet. Außerdem bringt die Kenntnis karmischen Informationsmaterials aus vergangenen Inkarnationen die Verantwortung mit sich, zu handeln und begangene Fehler zu berichtigen. Auch wenn es sich dabei nicht immer um persönliche karmische Schuld handelt, so ist man doch verpflichtet, andere Personen auf ungelöste Probleme aufmerksam zu machen, was uns in deren Schwierigkeiten verwickelt.

Es gibt jedoch verwirrende Umstände, die das Wissen um vergangene Leben zu erhellen vermag. Nach einem Vortrag in der Theosophischen Gesellschaft in Hollywood, Flower war damals achtzehn Jahre alt und hatte gerade ihre Lehrtätigkeit begonnen, bat ein Ehepaar sie um Hilfe.

Aus unerklärlichen Gründen hatte sich zwischen dem Vater und dem nun herangewachsenen mittleren Sohn im Laufe der Jahre eine Feindschaft entwickelt. Jeder Versuch der Familie, diese angespannte Situation beizulegen, war fehlgeschlagen. Vor allem die Mutter litt unter den schwierigen Umständen.

In der Meditation bat Flower um Zugang zur Akasha-Chronik, der ihr gewährt wurde. Sie erblickte eine Szene auf einem spanischen Gut. Ein Mann, der dem Vater stark ähnelte, saß hoch zu Roß und gab seiner Dienerschaft Anordnungen. Dann wechselte die Szene in ein entfernter gelegenes Dorf. Derselbe Edelmann sprang vom Pferd und näherte sich einer Hütte. In diesem Augenblick öffnete sich die Tür, und eine junge Frau, gefolgt von einem jungen Mann, trat heraus. Flower erkannte sofort, daß es sich bei der Frau um die jetzige Mutter der Familie und bei dem jungen Mann um ihren mittleren Sohn handelte. Jener Edelmann zog sein Schwert und tötete den jungen Mann, der offensichtlich sein Rivale war.

Ein anderes Bild offenbarte, daß die Familie der jungen Frau sie aus finanziellen Gründen dem Edelmann versprochen hatte. Sie aber war ihrem Herzen gefolgt und vor der Hochzeit mit ihrem Geliebten davongelaufen.

Flower offenbarte der ratsuchenden Familie die karmischen Hintergründe für die verwirrende, haßerfüllte Beziehung zwischen Vater und Sohn. Sie erklärte dem Vater, daß er die Möglichkeit besäße, diese durch sein Mitgefühl und sein Vergeben aufzuarbeiten. Einige Wochen später erhielt Flower einen Brief von der dankbaren Mutter, die ihr vom Beginn des Heilungsprozesses berichtete.

Flower hat das Studium in den Aufzeichnungen, die von den *Tawonel* beaufsichtigt werden, näher beschrieben. Vor ihr erhob sich ein strahlend goldener Nebel, der sich nach hinten zu zur undurchdringlichen Wand verdichtete. Sie formulierte dann ihre Frage. Der erhabene „Engel des Schicksals" lehnte die Bitte entweder umgehend ab, was er begründete, oder gab dieser ohne weiteren Kommentar statt. In letzterem Falle spürte sie eine Aufladung ihrer inneren Körper. Szenen aus der Vergangenheit belebten die goldene Dunstschicht und ließen allmählich die Antwort aufleuchten.

Solche Szenen aus vergangenen Inkarnationen gaben nur selten die genaue Örtlichkeit an, lieferten jedoch gewisse Anhaltspunkte, wie Baustil, Transportmittel und ähnliches, aus denen sie sich ersehen ließ. Gleiches galt für den Zeitfaktor, der oft aufgrund der Regierungszeit gewisser Herrscher oder historischer Ereignisse bestimmt werden konnte. Wenn derartige

Auskünfte für das Verständnis der Situation vonnöten waren, genügte ein Blick zu dem *Tawonel.*

Die mathematische Genauigkeit der Verknüpfung unserer Taten in der Vergangenheit mit unseren gegenwärtigen Lebensumständen beeindruckte Flower zutiefst. Sie erkannte sehr klar, daß Göttliche Gerechtigkeit die gesamte Schöpfung durchdringt - wir ernten, was wir säen. Sie fühlte sich gedrängt, ihre Schüler auf diese Tatsache aufmerksam zu machen und sie anzuregen, ihre Entscheidungen abzuwägen, um eine bessere Zukunft zu gestalten.

Bald jedoch erkannte sie, daß ein Einblick in die Akasha-Chronik nicht immer notwendig war, um eine Situation zu erhellen. Unsere Vergangenheit gestaltet sich oft so unschön, daß das Wissen darum den Ratsuchenden wohl kaum ermutigt. Lebensaspekte, die unserer besonderen Aufmerksamkeit bedürfen, ergeben sich unmittelbar aus früheren Vergehen und treten in der gegenwärtigen Inkarnation als unsere größten Herausforderungen auf. Indem wir diese Bedingungen ganz einfach als Ansatzpunkte für unser Handeln betrachten, befinden wir uns schon auf dem richtigen Weg.

Flower erkannte ebenfalls, daß sie sich auf ihre Intuition verlassen konnte. Sie besaß die Gabe, kurze Einblicke in die Vergangenheit zu erhaschen, die die Richtigkeit einer Handlungsweise bestätigten. Nehmen wir das Beispiel eine Frau, die von ihrer Mutter beherrscht wurde. Für Flower lag es auf der Hand, daß es sich dabei um die Wiederholung einer einseitigen Beziehung aus der Vergangenheit handelte und die Tochter sich aus der Abhängigkeit der Mutter herauszulösen hatte. Eine solche Einsicht genügte, um das Problem anzugehen und den Weg zur Änderung zu weisen.

Eine weitere Gruppe innerhalb der Reihen der „Engel des Schicksals", welche auf derselben Entwicklungsstufe steht wie die Hüter der Akasha-Chronik, sind die *Kindel.* Sie überwachen die menschliche Evolution, indem sie jede Inkarnation planen und zusammenfassen. Sie besitzen eine ihrer Aufgabe angemessene Kraft der Konzentration und eine ausgeprägte Fähigkeit, in der Anwendung der vergeistigten Willensenergie. Diese Charakteristika erlauben es ihnen, den momenthaften Ablauf unseres Lebens zu erfassen und sicherzustellen, daß in den einzelnen Inkarnationen sowohl karmische Schulden abgetragen als auch errungene Verdienste ausgeglichen werden.

In gewisser Weise bildet der *Kindel*, gemeinsam mit dem Schutzengel, jenen klaren Bewußtseinsaspekt in uns, der uns, wenn wir achtgeben, durch die Höhen und Tiefen des Lebens leitet. Sie sind ebenfalls die Quelle innerer Eingebungen, die unseren Mut anspornen und uns vertrauensvoll neue Wege beschreiten lassen.

In jeder Inkarnation tritt eine Seele mit einem bereits vorskizzierten Lebensplan in das physische Dasein. Es handelt sich dabei um einen Prozeß, der bereits mehr als einhundert Jahre vor dem erneuten Abstieg eines Menschen in die Materie beginnt. Der *Kindel-Engel*, der über den Verlauf der gesamten Evolution einer einzelnen Seele wacht, trifft sich mit ihr. Er und der Mensch werden sich ausführlich über jene

Bedürfnisse, Wünsche und karmischen Auswirkungen unterhalten, denen letzterer in dem kommenden Leben begegnen wird. Nach dieser Zusammenkunft formt der *Kindel* langsam, sorgfältig und voller Weisheit den sogenannten „Lebensplan“. Dieser Plan besteht aus mentaler Energie und enthält zahlreiche einzelne Strukturen. Eine davon zeigt alle wesentlichen Individuen, denen der Mensch verdient zu begegnen. Eine weitere benennt die bedeutsamen Ereignisse, wie etwa Krisen mit geistigen Wachstumsprozessen, die er sich verdienen kann. Eine dritte bezeichnet die karmischen Einwirkungen, die sich sowohl auf die Gesundheit als auch auf die Zeitspanne des Lebens beziehen. Eine vierte ist mit den karmischen Schulden verknüpft, die das Individuum dem Leben gegenüber noch zu erfüllen hat.

Diese verschiedenen Strukturen werden dann zu einem Muster aus mentaler Essenz verwoben, das für den Zeitraum des Erdenlebens in der Herzregion des Mentalkörpers verweilt. Das Inkarnationsmuster enthält, einer geistigen DNS gleich, zahllose Symbole, die die Grundstruktur der kommenden Jahre bestimmen.

Während eines Tagesablaufes treten die verschiedenen Strukturen dieses wichtigen Musters in den Vordergrund, wobei sich jede auf Erfahrungen, Begegnungen und mögliche Erfolge oder Enttäuschungen bezieht, welchen der Mensch ins Auge sehen muß.

Einige dieser Strukturen werden als „Offene-Schicksals-Perioden“ bezeichnet, andere als „Geschlossene-Schicksals-Perioden“. Ihnen kommt eine wichtige Bedeutung zu, und sie erfordern ein tieferes

Verständnis vom Menschen. Die geschlossenen Schicksals-Perioden beziehen sich auf vorbestimmte Ereignisse, die der Mensch sich aufgrund seines Handelns oder Nichthandelns in vergangenen Leben selbst zugezogen hat. Sie sind die unmittelbaren Folgen einer Saat, die nun geerntet werden muß.

In den meisten Fällen treffen die Ereignisse auf den Menschen in derselben Lebensphase, in der er mit ähnlichen Begebenheiten in der Vergangenheit konfrontiert wurde. Angenommen, dich verband in deiner letzten Inkarnation ein geistiges Band mit einem anderen Menschen, den du später enttäuschtest. Es wird sich ergeben, daß du ihn in dem nächsten Leben, in dem ihr beide physisch verkörpert seid, in ähnlichem Alter wiedertriffst, um die Prüfung erneut zu durchschreiten, in der Hoffnung, diese Verbindung auszugleichen.

Ähnlich wird man vergleichbaren, wenn auch nicht identischen Krankheiten ausgesetzt, die man in vergangenen Prüfungen nicht fähig war zu überwinden, da die Selbstkontrolle zu schwach ausgebildet oder unwirksam war. Der Lebensplan webt die Strukturen, die für die Menschen die hilfreichsten und passendsten sind. Geschlossene Schicksals-Perioden bringen nicht nur jene Aufgaben mit sich, mit denen man sich erneut beschäftigen sollte, sondern auch Verdienste und vielversprechende Gelegenheiten, die man sich in der Vergangenheit erworben hat. Ein Mensch mag zum Beispiel in der jetzigen Inkarnation auf verbesserte Voraussetzungen in bezug auf sein Elternhaus stoßen, was seine Entwicklung in großem Maße fördern wird.

Völlig anders verhält es sich mit den offenen Schicksals-Perioden. Man könnte sie als strukturlos bezeichnen. In dieser Lebensphase soll man nicht beeinflußt werden, da man selbst zu entscheiden hat, wie der neue Lebensabschnitt aussehen soll. Diese offenen Schicksals-Perioden sind in jedem Lebensplan enthalten, um neue Zielrichtungen, innere Wandlungen oder erneute Gelegenheiten zur spirituellen Reifung zu eröffnen. Sie erlauben es einem Schutzengel, jenen *Kindel* um Rat zu fragen, der für die Ausgestaltung des Lebens seines Schützlings verantwortlich ist, um diesen weise in seinen Entscheidungen leiten zu können.

Doch es ist unmöglich, mit Sicherheit die Reaktion eines Menschen auf wiederholte Prüfungen, die er einstmals nicht bestand, vorherzusagen. Es wird eine Zeit kommen, in der er nicht mehr versagt und der Zyklus der geschlossenen Schicksals-Periode mit ihrer Lektion somit beendet ist. Werden offene Schicksals-Perioden angesprochen, hat man auf allen Bewußtseinsebenen den Eindruck, von allen gewohnten Erfahrungen, Gefühlen, Meinungen und Sicherheiten der Vergangenheit losgelöst zu sein. Diese Lebensperioden sind für denjenigen, der sie auszugestalten hat, schwierig zu bewältigen. Doch von der Seele werden diese Zeiten freudig begrüßt, denn durch sie vermag das Individuum sein Wachstum zu beschleunigen - zu innerer Reife und zu geistiger Erleuchtung zu gelangen. Es mag in der Lage sein, sich selbst, aufgrund innerer Einstellung, bewußt auf neue Beziehungen, Talente und Umstände auszurichten. In solchen Zeiten wird den Menschen kein Schicksal fordern, ausgenommen jenes, welches er nun durch seine eigenen Taten, Reaktionen und Entscheidungen selbst schafft.

Aus diesen Gründen sollte man besonders sorgfältig auf jene Zeiten achten, in denen man auf einem Meer zu segeln scheint und sich darauf konzentrieren, in ihnen den höchsten und mutigsten Teil seines Wesens auszuleben - mit höchster geistiger Wachheit. Offene Schicksals-Perioden erlauben es dir, "eine Klasse zu überspringen“, wollte man es mit einer Schule vergleichen. Sie befähigen dich, die karmische Schuldenlast, welche die geschlossenen Perioden bestimmt, schneller abzutragen.

In diesen Lebensabschnitten, in denen du nicht durch deinen Lebensplan in Form von festgelegten Begebenheiten beeinflußt wirst, führen dir erhabene Wesenheiten der inneren Welten, die an deiner Entwicklung interessiert sind, neue Freunde, Lehrer, ungewöhnliche Beschäftigungsformen und Entdeckungen zu, die dir einen frischen Impuls und eine erweiterte Sichtweise vermitteln.

Mit diesem Wissen von der Akasha-Chronik und den beiden großen „Engeln des Schicksals”, die zusammen unseren Lebensplan gestalten - den *Tawonel* und den *Kindel* - wenden wir uns nun dem Abenteuer der Inkarnation selbst zu.

Geburt und Erwachen

Der Aufenthalt in den inneren Welten zwischen den einzelnen Inkarnationen dient zunächst der Ruhe und Wiedervereinigung mit Freunden und Angehörigen, die uns vorausgegangen sind. Dann folgt die sorgfältige Beurteilung und Verarbeitung der im letzten Erdendasein gelernten Lektionen. In der anschließenden Periode des Dienens wird die Seele unterwiesen und macht neue Erfahrungen, bis die Zeit für eine neue Inkarnation heranrückt. Die Seele bereitet sich in den inneren Welten für Aufgaben vor, die nur in der physischen Dimension ausgetragen werden können.

Den größten Teil unseres Daseins verbringen wir in den himmlischen Sphären. Sie sind unsere eigentliche Heimat. Die Länge unseres Aufenthaltes gestaltet sich, dem jeweiligen Karma entsprechend, individuell verschieden und kann kürzer oder länger sein. Im allgemeinen beträgt dieser etwa zweihundert Jahre. Mit zunehmendem Alter der Seele verlängern sich diese Zeitspannen und können mehrere hundert oder bisweilen sogar ein- bis zweitausend Jahre betragen. Ein frühzeitiger Tod, aufgrund dessen nur wenig Möglichkeit für Fortschritt, Wachstum und Wandel gegeben war, verkürzt diese Zeitspanne. Nach einem erfüllten, sinnvoll gelebten Dasein verweilt die Seele länger in den höheren Dimensionen. Letzteres gilt auch für eine fortgeschrittene Seele, die sich darauf vorbereitet, der Hierarchie im nächsten Leben zu dienen und daher zusätzlicher Zeit bedarf, um jene Fähigkeiten und Talente auszuarbeiten, die in dieser Inkarnation manifestiert werden sollen.

Wie bereits erwähnt, trifft sich die Seele viele Jahre vor ihrem erneuten Abstieg zur Erde mit ihrem *Kindel-Engel*, und ihr Lebensplan wird gestaltet. Dazu gehören die Auswahl der Eltern und die Bestimmung der äußeren Gegebenheiten, unter denen das Individuum sein neues Leben beginnen wird. Im Hinblick auf das anstehende Erdendasein besucht die Seele die „Hallen des Lernens" und die „Hallen der Weisheit". Diese beiden großen Schulen der inneren Welten verfügen über ein umfangreiches Quellenmaterial, das der Bereicherung ihrer Einsicht und Förderung ihrer Bereitschaft dient. In diesen Stätten der Lehre begegnet sie erhabenen Seelen, die auf die Schwierigkeiten des Entwicklungspfades und die Vielfalt der bevorstehenden Möglichkeiten hinweisen. Voller Zuversicht verpflichtet sie sich, ihre Aufgaben auf das Beste zu erfüllen.

In dieser Zeit sind wir aufgerufen, vor allem unsere Vorstellungskraft zu stärken. Wir lernen, die Zukunft mit ihren Ereignissen und Möglichkeiten klar und deutlich vor uns zu sehen, damit wir, wenn wir ihnen im physischen Leben gegenüberstehen werden, einsichtig und bewußt handeln können. In den inneren Welten sind wir entschlossen dazu. Diese Entschlossenheit macht sich dann im Erdenleben bemerkbar, auch wenn wir die Zusammenhänge nicht immer klar zu erkennen vermögen. Sie zeigt sich eher als das plötzliche Verlangen oder der brennende Wunsch, eine bestimmte Sache zu unternehmen. Je nach unserem Bewußtseinszustand und unserer Aufnahmefähigkeit mag sich diese innere Stimme stark und zwingend oder aber nur undeutlich und flüchtig äußern. Sind wir offen und aufmerksam, kann sie uns inspirieren und führen. Ihre Botschaft kann sich aber auch im Wirrwarr unserer Wünsche und Begierden verlieren.

Wenn wir dieser inneren, urplötzlich auftauchenden Stimme, die uns zum Handeln drängt, nicht folgen, beschleicht uns später das Empfinden, etwas verpaßt zu haben. Beachten wir sie aber, dann fühlen wir uns geborgen und sind voller Erwartung.

Es begeistert wohl niemanden, den Frieden, die Schönheit und die Ordnung des Himmels zu verlassen und dafür die oft chaotischen, beschwerlichen und mühevollen Bedingungen des Erdendaseins einzutauschen. Doch zwei Aspekte erleichtern den Übergang in die physische Ebene. Die Tatsache, daß sich die meisten von uns nur schwach an die inneren Welten erinnern, erspart uns das Gefühl von Gefangenschaft oder Exil, und die Erkenntnis, daß wir nur auf der Erde Fortschritte machen und uns schließlich ihrem Griff entziehen können, motiviert uns.

Hinzu kommt der Augenblick des Erwachens. Betrachten wir das Leben als eine Reise, die uns aus den Niederungen alltäglicher Wahrnehmung zu den Höhen der Erleuchtung führt, dann ist der Wendepunkt jener Moment, in dem wir für die Wirklichkeit Gottes und der inneren Welten erwachen. Bei diesem Durchbruch handelt es sich nicht mehr nur um Glauben, sondern um Erfahrung. Unsere auf den fünf Sinnen basierende Lebenssicht wird durch den sechsten Sinn erweitert. Er leitet uns zu den Toren der Intuition, die sich in unterschiedlicher Weise zu öffnen vermögen. Für einige wird sie durch die Ausstrahlung von Menschen oder Pflanzen ausgelöst, für andere durch bestimmte Klänge oder einen seltsamen Duft. Am häufigsten zeigt sie sich wohl in Form einer Intuition, eines Eindrucks oder der plötzlichen Erkenntnis, die ein Problem zu lösen vermag oder eine Frage beantwortet, eine Warnung darstellt oder eine Erkenntnis aufleuchten läßt. Unser sechster Sinn ermöglicht es den Engeln, unsere Aufmerksamkeit für sie zu erwecken, uns zu belehren und zu leiten.

Die stille, unwiderstehliche Evolutionskraft, die allem Leben zugrundeliegt, ist stärker als unser Unbehagen, die Vollkommenheit der himmlischen Welten zu verlassen. Sie hüllt uns ein, erweckt unsere Seelen, läßt unsere Herzen in Einklang mit ihr schwingen und stellt sicher, daß jeder Atemzug, jede Bewegung Sinn und Aufgabe birgt.

Wenn die Zeit gekommen ist, erneut in eine physische Inkarnation einzutreten, begegnen wir dem strahlenden „Engel der Geburt". Diese Engel stehen auf der Stufe der Erzengel. Ein jeder dient Hunderten von Seelen, die erneut Kraft in den Regionen der Mentalwelt schöpfen. Sind diese Seelen, die wiedergeboren werden sollen, zu einer gewissen Bewußtseinsklarheit gelangt, und ist in ihnen der Wunsch herangereift, vergangene Fehler auszugleichen, werden sie zu letzten Vorbereitungen in die astralen Dimensionen entlassen.

„Engel der Geburt" sind besonders groß und besitzen eine derartig liebende Ausstrahlung, wie sie sich der Mensch kaum vorzustellen vermag. Sie begleiten, segnen und beraten die zur Erdeninkarnation bestimmten Seelen, die nun danach verlangen oder sich mit der Idee abgefunden haben, wieder in ein menschliches Dasein einzutreten. Die besonderen Kräfte der „Engel der Geburt“ ermöglichen es, daß bei der Befruchtung der Lebenssame eines Wesens in die Aura der Mutter gezogen wird, welches diese dann als ihr eigenes Kind aufziehen wird. Während des Geburtsvorganges verabschiedet sich die Seele von der farbenprächtigen, klangerfüllten Welt, die sie nun für einige Zeit verläßt. Das letzte herrliche Antlitz, welches sie erblickt, bevor die körperliche Geburt ihr Bewußtsein begrenzt, ist jenes des Engels, der sie zur Pforte in ihre neue menschliche Existenz begleitet und ihr ein letztes Mal seine strahlende Liebe zusichert.

Der Vergeßlichkeit und Hilflosigkeit ausgeliefert, überschreitet die Seele die Schwelle zum Erdenleben. Diese Erfahrung ähnelt dem Abstieg von einem sonnenüberfluteten Berggipfel hinunter in ein nebelverhangenes Tal. Die Schönheit und Wunder unserer ewigen Heimat entziehen sich unserem Blick, und wir fallen in eine Art tiefen Schlaf. Im Laufe der Kindheit werden wir uns allmählich unserer Umgebung, der Familienmitglieder und engeren Bekannten bewußt. Diese frühen Jahre sind sorgfältig geplant; sie bestehen aus „geschlossenen Schicksals-Perioden”. Im Grunde genommen nehmen wir den Platz auf unserem geistigen Entwicklungspfad dort ein, wo wir ihn verlassen haben, als wir das letzte Mal auf Erden wandelten.

Die Umstände, die dazu dienen, unsere Fähigkeiten und Eigenschaften zu entfalten, entstammen unserer karmischen Vergangenheit. So mögen wir uns zu besseren Menschen entwickeln, wenn uns gute Eltern gegeben wurden, die uns weise lenken und für ein liebevolles Zuhause und fördernde Bedingungen sorgen. Die ersten Jahre unseres Lebens ergeben sich aus unserer karmischen Struktur. Bei der raschen Entwicklung dieser frühen Zeit handelt es sich um eine Wiederholung der Ernte aus vergangenen Leben. Erst mit Beginn der Jugendzeit setzt das Wachstum in der jetzigen Inkarnation ein. Neue Entscheidungen werden getroffen, die ihre Konsequenzen nach sich ziehen.

Bis zu diesem Zeitpunkt stehen wir in der Obhut der „Beschützer", den jüngsten Engeln in der Gruppe der „Engel des Schicksals". Sie begleiten alle Kinder von der Geburt bis zur Pubertät und bleiben auch weiterhin bei ihnen, solange sie noch nicht zur Gotteserkenntnis gelangt sind.

Bevor den „Beschützern" diese Verantwortung übertragen wird, haben sie bereits als Helfer unter den „Engeln von Geburt und Tod" und in den Bereichen der Akasha-Chronik gewirkt. Auch haben sie unter der Obhut großer Heilungsengel gelernt und unter der Anweisung der „Engel des Gebetes" gearbeitet. Aufgrund dieser Schule sind sie dem Menschen an den wichtigsten Punkten seines Pfades sehr nahegekommen. Ein jeder dieser Engel steht höchstens sieben Menschen bei. Der karmischen Vergangenheit jeder einzelnen Person entsprechend, gewähren sie ihr Schutz und Führung und hüllen sie in Licht.

Angesichts der vielen Unfälle im Leben von Kindern und Erwachsenen könnte man sich die Frage stellen, warum die Bemühungen dieser Wesen nicht wirksamer sind? Nun, man führe sich zunächst einmal vor Augen, was geschehen würde, gäbe es das Wirken der Engel nicht. Es ist nicht ihre Aufgabe, uns die Folgen unserer Fehler zu ersparen und uns den Weg zu ebnen. Sie werden eingesetzt, um den Schicksalsweg der Menschheit zu unterstützen, den Pfad des Lernens, der Bewußtseinserweiterung, Charakterbildung und Gottessuche.

Den „Beschützern“, wie allen Engeln, ist eine selbstlose Liebe und die Suche nach der Vollkommenheit des Lebens zu eigen. Sie müssen auch über eine unsagbare Geduld und Weitsicht verfügen, um den langsamen Wachstumsprozeß der auf Überleben und Eigeninteresse ausgerichteten Menschheit zu ertragen.

Den „Beschützern“ ist es erlaubt, sich bestimmte Gegenden, Orte und Länder auszusuchen, in denen sie ihre Aufgaben wahrnehmen möchten. Oftmals entwickeln sie eine solche Verbundenheit mit einer bestimmten Gegend, daß sie für Tausende von Jahren, nach der menschlichen Zeitrechnung, ihren Dienst in dieser Region verrichten. Andere wandern durch die Atmosphäre der Erde und helfen unsichtbar, wo immer ihre Hilfe benötigt wird.

Ein „Beschützer“ wendet seine Aufmerksamkeit einem Menschen vom Moment der Geburt an zu. Er mag sich auch um das Wachstum von sieben Mitgliedern einer Familie bemühen. Verläßt ein Mensch den physischen Plan, entschwindet er auch dem Gesichtskreis dieses einen „Beschützers“. Nur in dem Fall, wenn er sich im selben Land und in derselben Gegend erneut inkarniert, ist es wahrscheinlich, daß er wiederum auf den „Beschützer“ trifft, der ihn schon im Leben zuvor anleitete. Doch wo immer er auch sein folgendes Leben verbringt, wird er unter dem liebenden und helfenden Schutz eines dieser treuen Wesen stehen.

„Beschützer“ entwickeln eine Zuneigung zu einem oder mehreren Schutzbefohlenen, bis zu einem solchen Umfang, daß der Zeitpunkt eintritt, an dem sie - in einer späteren Entwicklungsstufe - einen starken Einfluß auf das Schicksal eines einzelnen Menschen ausüben. Tausende von Jahren vergehen, bevor ein Mensch würdig und bereit ist, den beständigen Beistand eines Schutzengels zu verdienen. Ein „Beschützer“, der in die Reihen der Schutzengel aufsteigen soll, wählt seinen Schützling selbst aus.

„Beschützer“ weisen eine weibliche oder männliche Polarität auf, doch Schutzengel ausschließlich eine weibliche, da sie als ‘geistige Mütter’ für die menschlichen Seelen wirken. Die ‘weiblichen Beschützer’ steigen zur Stufe der Schutzengel empor, die ‘männlichen’ werden in den Rang der „Krieger-Engel“ erhoben, um schließlich den Scharen der „Krieger Gottes“ beizutreten, die dem Erzengel Michael dienen. Die Aufgabe dieses großen Engels besteht darin, die Dunkelheit zu überwinden und dem Licht zum Sieg zu verhelfen.

Schutzengel warten auf den Moment, in dem ein Mensch erwacht. In diesem Augenblick durchflutet ein göttlicher, das Bewußtsein transformierender Strom das gesamte Sein. Dann glaubt der Mensch nicht nur an Gott, sondern weiß um Ihn aufgrund eigener Erfahrung. Mit Überschreiten dieser Schwelle beginnen sich die Tore innerer Wahrnehmung endlich zu öffnen. Der Mensch begibt sich auf den letzten Abschnitt seines Evolutionspfades - den Weg zur Erleuchtung und Einweihung. Diese Reise wird ihn durch viele Leben mit ihren Abenteuern führen. Er ist zur Selbstüberwindung und Charakterbildung aufgerufen. In dieser Zeit kommt er mit seiner Seele und seinen höheren Bewußtseinsebenen in Kontakt.

Nach Flowers Beschreibungen überstrahlt das Antlitz des Schutzengels seine Gestalt. Die großen Augen strömen unsagbare Liebe aus. Das vorwiegend blasse Rosa seiner Aura weist je nach Schützling verschiedene Schattierungen auf. Die vibrierenden Rosatöne gleichen oft einem pulsierenden Herz. Das Herz-Zentrum selbst erstrahlt in goldenem Glanz. In seiner unbeschreiblichen Schönheit steht der Engel an unserer rechten Seite. Geduldig und liebevoll sendet er sprühende Gedankenformen aus, die neue Impulse, Willensstärke, gute Vorsätze und Einsichten im Menschen entfachen.

Unermüdlich und mit nicht nachlassender Begeisterung rüttelt er seinen Schutzbefohlenen wach, inspiriert und führt ihn jeden Tag. Seine Treue steht in krassem Gegensatz zu den auf das eigene Ich ausgerichteten Gewohnheiten des Menschen. Er wirkt als unser geistiger Lehrer, indem er uns auf Unzulänglichkeiten aufmerksam macht, die der Korrektur bedürfen, und uns auf Möglichkeiten zum Wachstum hinweist. In seiner gründlichen Art läßt er keine Gelegenheit verstreichen, die unseren Charakter stärken und unser Bewußtsein schärfen könnte. In seiner liebevollen, doch kompromißlosen Aufrichtigkeit hebt er Fehler und deren Ursachen hervor. Mit allen Mitteln versucht er, unsere Aufmerksamkeit zu erregen, um seine Botschaft zu uns durchdringen zu lassen. Er spornt uns an, die erforderlichen Schritte zu unternehmen.

Die Kommunikationsformen sind vielfältig. Nur wenn der Mensch über einen hohen Grad an Hellsichtigkeit verfügt, vermag der Schutzengel seinen Schützling unmittelbar zu belehren. Flower besaß diese Gabe. So geschah es häufig, daß sie als Vermittler wirkte und Anweisungen des Schutzengels eines ihrer Schüler an diesen weitergab. Zum Beispiel, wenn eine bestimmte Person ein Haustier aufnehmen oder jemand einen Vortragskurs besuchen oder einen bestimmten Facharzt aufsuchen sollte. In diesen Fällen vernahm Flower keine Stimme, sondern nahm die von dem Engel ausgesandten Gedankenformen wahr, die in dem Augenblick, da sie in ihr Bewußtsein traten, Worte bildeten.

Meistens jedoch bedient sich der Schutzengel einer anderen Person, um uns auf einen Fehler, der der Berichtigung bedarf, hinzuweisen. Obwohl wir es nicht immer als von ihm kommend betrachten mögen, wird uns eine Blockade in unserem Entwicklungsprozeß vor Augen geführt, was als Ausgangspunkt für weiteren Fortschritt dienen kann.

Wenn uns beispielsweise jemand auf einen Fehler aufmerksam macht, treten wir einer solchen Kritik in Anbetracht ihrer Herkunft meistens mit Vorsicht gegenüber. Oft tun wir sie mit der Bemerkung ab, der andere sei voreingenommen oder eifersüchtig. Es wäre jedoch besser, den Hinweis nicht einfach abzulehnen, sondern ihn näher zu betrachten.

Ein anderes vertrautes Erscheinungsbild sind die Gewissensbisse. Häufig schreiben wir sie unserer Auseinandersetzung mit den Eltern oder der Gesellschaft zu, doch oft sind sie dem Wirken unseres Schutzengels zuzuordnen. Extreme Schuldgefühle sind ungesund, aber wir erkennen bald den inneren Ansporn, Empfindungen „aus heiterem Himmel", die uns die Richtung weisen, Schwachpunkte zu erkennen und Fehler zu berichtigen. Wir sollten beständig nach solchen Erfahrungen Ausschau halten, da sie unsere bewußte Bereitschaft und Wahrnehmung anspornen.

Ein weiteres Mittel, unsere Aufmerksamkeit zu erregen, sind Träume, vor allem wenn sie Nachlässigkeiten hervorheben. Wenn wir die Symbolsprache der Träume beherrschen, leiten sie uns unfehlbar zum Ziel. Ein solcher Traum macht uns auf die Tatsache aufmerksam, daß wir im Leben schlecht vorbereitet sind und diesen Tatbestand korrigieren müssen. Ein Traum mag uns auch auf unsere Unausgewogenheit hinweisen. Liegt eine Überbetonung des praktischen Lebensaspektes vor, der uns zu Kritik an Mitmenschen verleitet, die über größere Kreativität und ein stärkeres Vorstellungsvermögen verfügen, zeigt das, wie unpraktisch wir im Grunde genommen sind.

Durch die gegebenen Lebensumstände werden wir wohl am eindrucksvollsten auf unsere Unzulänglichkeiten hin angesprochen. Wenn wir diesen karmisch bedingten Situation begegnen, stehen wir zwangsläufig vor dem nächsten Wachstumsschritt. Diesen Momenten blickt der Schutzengel erwartungsvoll entgegen, da sie den fruchtbaren Grund für Selbstüberwindung bilden. Es sind nicht die großen Durchbrüche, nach denen er Ausschau hält, sondern die täglichen kleinen Schritte auf der Leiter zu Gott. Wenn wir zur Nachlässigkeit neigen, äußert sich diese meistens in den Kleinigkeiten. Sorgfältig erarbeitet unser Schutzengel mit uns die Fähigkeit, „vollkommen in den kleinen Dingen" zu sein.

In der Eigenschaft als 'geistige Mutter' liebt er seinen Schützling tausendmal selbstloser als es einer Menschenmutter möglich wäre. Menschliche Stimmungsschwankungen sind ihm fremd. Er ist offen und geradeheraus und erspart uns nicht die Wahrheit. In diesem Sinne stellt er unseren besten Kritiker dar, der jede Gelegenheit wahrnimmt, unsere seelischen 'Kanten' zu schleifen. Obgleich er uns unsere Schwächen nicht vorwirft, duldet er drei Eigenschaften nicht - Unaufrichtigkeit, die unsere Integrität gefährdet; Dinge als selbstverständlich hinzunehmen, was auf fehlende Dankbarkeit schließen läßt und sich über die Wahrheit und das Gute lustig zu machen.

Als unser spiritueller Lehrer findet er beständig Wege, um unsere höhere Natur anzusprechen. Da keinerlei Negativität jemals in sein Bewußtsein dringt, führt er uns geduldig der stufenweisen Selbstüberwindung entgegen. Jeder Sieg unsererseits erfüllt ihn mit großer Freude. Er weiß, daß die einzigen Momente, die am Ende eines Lebens zählen, jene sind, die unserer Weiterentwicklung dienten. Sie stellen auch den Maßstab für seinen eigenen Fortschritt als unser Lehrer dar. Häufig konfrontiert er uns mit Prüfungs-Situationen, damit wir uns unserer Pflichten und unerledigten Aufgaben bewußt werden, und er kämpft für uns, wenn die Dunkelheit uns überwinden will.

Flowers Schutzengel bewahrte sie in drei Fällen vor ernstlichem Schaden und rettete ihr wahrscheinlich sogar das Leben. Sie war noch ein Kind, als sie mit ihrer Mutter und einem Ehepaar durch eine Gebirgsgegend in Pennsylvania fuhr. Eine dichte Nebelschicht lag über der Region, und der Fahrer kämpfte gegen seine Schläfrigkeit an. Plötzlich gab Flowers Schutzengel ihr mit einem aufblitzenden Zeichen zu verstehen, daß sie sich in großer Gefahr befanden. Flower schrie laut auf und veranlaßte den Fahrer, sofort anzuhalten. In diesem Augenblick sauste ein Zug an dem Auto vorbei, das vor einem schlecht markierten Gleisübergang angehalten hatte.

Als junge Frau durchquerte sie zusammen mit einer Freundin einen Park in Los Angeles, um zu einer Militärschule zu gelangen, in der der Mann jener Freundin unterrichtete. Die Dämmerung war bereits hereingebrochen, als sie bemerkten, daß zwei Männer sie verfolgten. Obwohl sie schneller gingen, kamen die Männer näher. Flower bat ihren Engel um Schutz. In diesem Augenblick tauchte aus dem Gebüsch ein Bernhardinerhund auf, der ihrem Haustier aus Kindertagen stark ähnelte. Der Hund trat den beiden Männern gegenüber. Einer von ihnen flüsterte: „Oh, sie haben einen Hund bei sich." Der Bernhardiner begleitete die beiden Frauen bis zu den Stufen der Militärschule. Flower wollte ihn dankbar streicheln, doch als sie sich umwandte, war er verschwunden. Sie war sicher, daß ihr Schutzengel diese Manifestation nach einem Bild aus Kindertagen herbeigeführt hatte.

Bei einer anderen Gelegenheit fuhr sie mit ihrem Mann im Winter auf einer Autostraße. Hügelabwärts stießen sie auf Eisflächen, so daß der Wagen ins Schlingern geriet und auf eine verkehrsreiche Kreuzung zuschleuderte. Zu ihrer Überraschung nahm Flower plötzlich eine, wie es schien, riesige Schneewehe wahr, die das Auto einhüllte und sanft an den Straßenrand gleiten ließ. Einige Leute, die diesen Vorgang beobachtet hatten, kamen herbeigelaufen und versammelten sich um den Wagen, um ihrer Überraschung über die wundersame Rettung Ausdruck zu verleihen.

Flower berichtete von einem anderen Ereignis, bei dem ihr Schutzengel ihr half, eine langjährige Angst zu überwinden. Ihre Furcht vor Wasser stammte aus einem früheren Leben in Yucatan, in dem sie dem Regengott in einer riesigen Quelle geopfert worden war. Verzweifelt kämpfte sie damals um ihr Leben. Die Qual des Ertrinkens prägte sich tief in ihr Bewußtsein.

Als sie vierzehn Jahre alt war, hielt ihr Schutzengel es für angebracht, daß sie diese Angst überwand. Eines Nachts führte er sie in ihrem Astralkörper zu einem inneren Schrein. Vor ihr lag dieselbe Quelle, in der sie zehn Inkarnationen zuvor um ihr Leben gerungen hatte. Sie schreckte zurück, doch ihr Schutzengel gab ihr zu verstehen, daß sie ihre Angst überwinden mußte. Gehorsam ließ sie sich in das Wasser fallen. Seltsamerweise hatte sie vergessen, daß sich der Vorgang auf astraler und nicht auf physischer Ebene abspielte, was nicht ungewöhnlich ist. Als sie immer tiefer in den Fluten versank, tauchte vor ihr plötzlich ein Löwe auf. Sie ergriff seine Mähne, und er zog sie in eine tempelähnliche Unterwassergrotte. Der

Löwe schüttelte sich. Überrascht sah Flower ihren Schutzengel vor sich, der triumphierend lächelte. Die Angst vor Wasser war für immer überwunden.

Doch schon vor diesem Ereignis gehörten Begegnungen mit ihrem Schutzengel zu Flowers Alltagsleben. Als sie zehn Jahre alt war, riet er ihr, die Sonntagsschule einer bestimmten Kirche zu besuchen, da dort bald eine Pfadfinderinnengruppe gegründet würde und sie Pfadfinderin werden sollte. Im Laufe der Jahre beriet sie diese wunderbare Wesenheit in den unterschiedlichsten Dingen und empfahl ihr den Besuch von Konzerten, kulturellen Ereignissen, Bibliotheken und Museen. Sie riet ihr sogar, trotz ihrer dürftigen finanziellen Lage, bisweilen eines der vornehmen Restaurants aufzusuchen.

Im Alter von sechs Jahren begleitete Flower ihre Mutter auf einem Krankenhausbesuch. Ihr Augenmerk fiel sofort auf die Stationsschwester, die ebenso wie die anderen Schwestern in dem riesigen Krankensaal von Bett zu Bett ging. Das Licht, das von dieser Frau ausstrahlte, faszinierte sie. Es erhellte den ganzen Saal. Auch die Auren der übrigen Krankenschwestern leuchteten. Der anscheinend spirituelle Hintergrund dieses Berufsbildes nahm Flower gefangen, woraus sie auf die Tugendhaftigkeit einer jeden Krankenschwester schloß.

Bei einem weiteren Besuch im Krankenhaus war die Stationsschwester nicht anwesend. Die anderen Schwestern taten zwar ihre Pflicht, doch lustlos und ohne sonderliche Begeisterung. Flower nahm erstaunt ihre blassen Auren wahr. Das Ganze verwirrte sie, und ihre hohe Meinung von dem Beruf der Krankenschwester schwand. Einige Jahre später erinnerte ihr Schutzengel sie an dieses Ereignis und bemerkte: „Denke nicht, daß alle Menschen in verantwortlichen Stellungen auch tugendhaft sind und einen guten Charakter besitzen. Nur an ihrer Aura kannst du ihren Wert erkennen." Flower richtete sich fortan nicht nach dem äußeren Schein, sondern nach der innere Strahlkraft eines Menschen. Wie oft mußte sie feststellen, daß es einer äußerlich attraktiven Person an innerer Schönheit fehlte.

Unser Schutzengel macht uns in vielfältiger Weise auf unsere Fehler und Unzulänglichkeiten aufmerksam. Dazu bedient er sich der Bemerkungen anderer Menschen oder eines spontanen Gedankenbildes. Er ist bestrebt, uns zur Überwindung einer Schwäche anzuspornen. Kritik bedeutet für den Engel eine Art spirituelle Operation, das Entfernen eines Geschwulstes, was die Tore zur Heilung und inneren Wandlung öffnet. Der Schutzengel verfolgt nur ein einziges Ziel - den geistigen Fortschritt seines Schützlings. Jedes dazu dienliche Mittel begrüßt er mit Freuden.

Der Schutzengel besitzt direkten Zugang zu unserer Seele oder unserem höheren Selbst. Plötzliche, unerwartete Erkenntnisse stammen aus dieser Ebene. Oft macht er uns auf bestimmte Gegebenheiten oder Ereignisse aufmerksam, die uns spirituell zugute kommen. Einige Menschen vermögen sogar den Duft ihres Schutzengels wahrzunehmen. Andere werden durch Symbole oder plötzlich auftauchende Zeichen an ihn erinnert.

Der Schutzengel, der sich gewöhnlich zur Rechten seines Schutzbefohlenen befindet, blickt ihm direkt ins Antlitz, wenn er ihm etwas Wichtiges mitzuteilen hat. Eines Tages saß die fünfzehnjährige Flower zu Hause auf der Terrasse. Mit einem Male sah sie ihren Schutzengel vor sich stehen und wußte, daß er ihr etwas Ungewöhnliches zu sagen hatte. Man schrieb den 18. September 1924. Der Engel teilte ihr mit, daß sie und ihre Familie am 18. November desselben Jahres in Kalifornien sein würden. Die Überraschung war groß, denn niemand hatte je daran gedacht, Pennsylvania oder die Ostküste zu verlassen. Flowers Mutter vertraute der Hellsichtigkeit ihrer Tochter. Zwei Monate später waren sie in Los Angeles, dem Ausgangspunkt der bevorstehenden spirituellen Arbeit.

Manchmal verhält sich der Schutzengel sogar recht geheimnisvoll. Flower erinnerte sich gerne an einen solchen Vorfall. Gegen Ende des Zweiten Weltkrieges kehrten sie und ihr Mann Lawrence von einer Vortragsreise zurück. Auf ihrem Weg durch das San Jacinto Gebirge bemerkte Lawrence eine Abzweigung, die zu einem Ort namens Idyllwild führte, den er sich anschauen wollte. Ermüdet von den Vorträgen und die zu Hause auf sie wartenden Pflichten vor Augen, war Flower von diesem Umweg nicht gerade begeistert, stimmte aber zu, als sie die leuchtende Aura ihres Mannes wahrnahm. Sein Schutzengel hatte dieses Interesse in ihm geweckt.

Flower hielt den Atem an, als der wunderbare Ort vor ihnen lag, der sich in ein auf drei Seiten von Berggipfeln umgebenes Tal schmiegte. Dieser Platz mit seinem herrlichen Nadelwald war ein Geschenk des Himmels.

Dann nahm sie plötzlich das strahlende Lächeln ihres Schutzengels wahr. Er hatte sich unauffällig im Hintergrund gehalten und auf den Augenblick gewartet, da sie diesen Ort entdeckte. Idyllwild sollte Flowers zweites Zuhause werden, in das sie sich zurückzog, um neue Kraft und Inspirationen für ihre Arbeit in Questhaven zu schöpfen.

Während eines dieser Aufenthalte im Gebirge beschäftigte sie sich mit den Vorbereitungen für eine bevorstehende Seminar-Woche. Der Termindruck belastete sie. Eines Morgens wanderte sie hinaus, in der Hoffnung, sich von dieser Bürde zu befreien. Doch es gelang ihr nicht. Weder ihre innigen Gebete noch die Frische der Landschaft vermochten ihrem Geist die ersehnte Leichtigkeit zu schenken.

Sie blieb stehen und lehnte sich an einen Baum, den sie besonders liebte. Sie atmete tief ein und bat um Hilfe. In diesem Augenblick wies ihr Schutzengel sie an, emporzuschauen und sich vom dem, was sie wahrnahm, erfüllen zu lassen. Flower blickte zum azurblauen Himmel und den in heiterer Gelassenheit dahinsegelnden weißen Wolken empor. Dort gab es keine Hast, keinen Druck - nur die Unendlichkeit. Dieses Bild klärte ihren Geist und ließ die Alltagssorgen von ihr abfallen.

Sie wußte nicht, wie lange sie dort gestanden hatte, als ihr die unendliche Kraft des Bewußtseins offenbar wurde. Die Themen für die Seminarwoche füllten bald darauf die Seiten ihres Notizbuches. Dieses Erlebnis beeindruckte Flower zutiefst.

Der Schutzengel hilft uns oft, verlorene oder verlegte Gegenstände wiederzufinden. Wir müssen nur innehalten und ihn ehrfurchtsvoll um Beistand bitten. Das gilt auch, wenn wir uns verlaufen haben. Der Schutzengel weist uns stets den rechten Weg.

Das Lächeln des Schutzengels ergießt sich in goldener Farbenpracht aus seinem Herz-Zentrum. Berührt es die Aura des Menschen, erhebt es sein Bewußtsein. Besonders groß ist seine Freude, wenn sein Schützling einer Versuchung widerstanden oder eine negative Angewohnheit überwunden hat.

Während der Nacht wird der Schutzengel zu unserem Initiator. Er geleitet uns in bestimmte Bereiche der inneren Welten. Er führt uns zu den „Hallen des Lernens“ oder den „Hallen der Weisheit“ in Shamballah, der geistigen Hauptstadt jener Wesen, die über die Erde wachen. Manchmal wird jener Ort auch das „Neue Jerusalem“ genannt. Gelegentlich dürfen wir dort an Versammlungen der erhabenen Meister der Weisheit teilnehmen. Wo immer unser Schutzengel uns auch hinführen mag, stets dient es unserer Erkenntnis und der geistigen Weiterentwicklung. Er ist es auch, der uns mittels der Symbolsprache der Träume unterweist.

Ein Schutzengel wählt seinen Schützling selbst aus. Seine Liebe, Hilfe und Unterstützung sind unvergleichlich. Er gewährt beständigen Beistand und Trost. Als spiritueller Lehrer ist er bemüht, uns auf dem Wege zu Gott zu stets höheren Entwicklungsstufen zu führen. Er achtet darauf, daß wir unsere Begrenzungen mutig überschreiten und begrüßt es, wenn wir um seine Führung und Inspiration bitten.

Doch es gibt einen Punkt in unserer Entwicklung, an dem er seinen Einfluß zurücknimmt. Wenn wir im

Laufe der Zeiten voranschreiten, unterläßt er es mehr und mehr, uns zu beraten. Dann wacht er über uns, um unsere Schritte zu leiten.

Die nächste Aufgabe eines Schutzengels wird ihn in die Reihen der erhabenen Engel erheben. Ihm wird es gestattet sein, als „Engel der Geburt“ oder „Hüter der Schwelle“ zu wirken oder einem anderen Rang der Erzengel beizutreten, die der Menschheit dienen.

Mit Ausnahme Gottes, des Christus und des Heiligen Geistes ist der Schutzengel unser größter Wohltäter. Durch unser unermüdliches Aufwärtsstreben können wir ihm am besten danken.

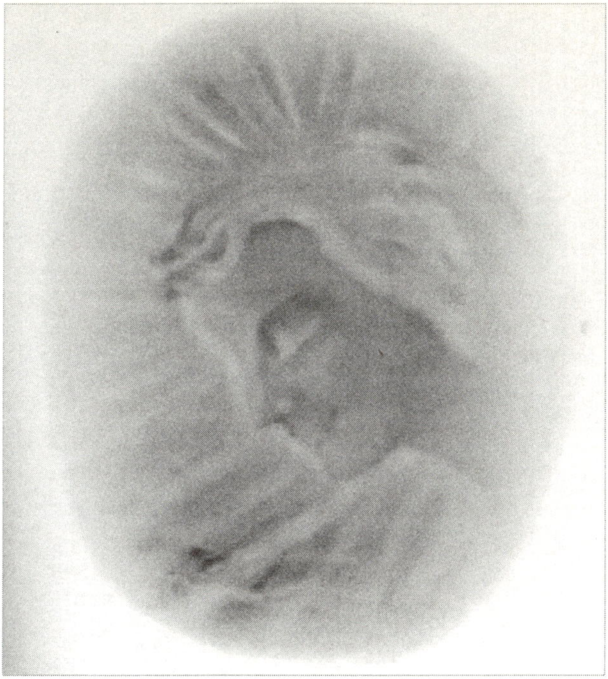

Engel
im Dienste Christi

Wir wollen uns nun jenen Engelscharen zuwenden, die dem Christus dienen und deren Wirkungskreis die Heilungen, Einweihungen und das Gebet umfaßt. Oftmals werden sie auch als „Engel der Religionen“ bezeichnet, da hellseherische Menschen sie am häufigsten in Kirchen, Tempeln und geweihten Orten wahrnehmen. Ihre Aufgabe besteht darin, den Menschen zum Gottesbewußtsein zu führen. Vor dem Hintergrund weltlicher Gedanken und Vorurteile säen jene Wesenheiten die Samen der Gottesverehrung und des ehrfürchtigen Staunens, die den religiösen Glauben festigen und auf die mystische Erfahrung vorbereiten. Sie sind die Boten der Heilung und des geistigen Wachstums auf allen Lebensebenen.

Christus wendet sich allen Religionen und Gottessuchern zu. „In meines Vaters Haus sind viele Wohnungen.“ Die verschiedenen Pfade lassen sich nur schwer vereinen; doch eine Verehrungsform besitzt nur dann einen Wert, wenn sie zur Bewußtseinserweiterung des Gläubigen führt und ihn zur wahren Gottessuche anzuleiten vermag. Im Laufe vieler Leben sind wir zahlreiche Pfade gewandelt.

„Die Engel der Anbetung“ sind in der Schar der Engel im Dienste Christi am zahlreichsten vertreten. Man kann sie vor allem in Kirchen, an geweihten Orten und überall dort wahrnehmen, wo sich Gläubige in aufrichtiger Hingabe eingefunden haben. Sie strahlen rosafarbene, von blauen, gelben und grünen Schattierungen durchwobene Energiewellen aus. Sie sind voller Aufmerksamkeit gegenüber den leisesten spirituellen Bedürfnissen der Gemeinde. Sie bewirken erhebende Gedanken bei allen Anwesenden. Sie läutern und ermutigen jeden einzelnen, der sich der göttlichen Gegenwart öffnet.

Nach Flowers Aussagen strahlen diese wunderbaren Wesen, die ganze Zuhörerschaften in ihre Aura einhüllen, eine überströmende Freude aus. Sie durchlichten die Versammlung mit sich ständig verändernden, immer heller und reiner werdenden Farben, was in den Anwesenden eine Transformation hervorruft. Besonders dem Priester wird Kraft verliehen. Ein Gottesdienst beinhaltet weitaus mehr als nur die äußere Zeremonie. Er stellt auch eine Feier dieser leuchtenden Lichtwesen dar, die kaum ein Menschenherz unberührt läßt.

Eine leere Kirche wird nur ein paar „Wächter“ beherbergen, die die Energien der Hingabe lebendig halten. Doch ist sie angefüllt mit den Gemeindemitgliedern, wird die Zahl der „Engel der Anbetung“ dementsprechend ansteigen.

Sie erfüllen ihre Pflichten mit solcher Begeisterung, daß sich die von ihnen hervorgebrachten Wellen der Stärkung und Hingabe in die ganze Umgebung ergießen, so daß auch Vorübergehende, die nicht am religiösen Leben interessiert sind, trotzdem inneren Frieden erfahren, wenn sie in diese aufgeladenen Energiefelder eintreten.

Während des Gottesdienstes bemühen sich die „Engel der Anbetung“, die nur passiv Verharrenden für das Licht zu erwecken, daß ihnen in Fülle geschenkt werden könnte. Sie ermutigen die Niedergedrückten und den Wahrheitssucher öffnen sie für aufschlußreiche Bemerkungen des Priesters. Wären sich die Betenden der strahlenden Wesen über ihnen bewußt, würden sie eine Schönheit erleben können, die unbeschreibbar ist. Sie würden Gesichter erkennen von Wesen, aus Wogen schillernder, korallenfarbener Schleier auf sie herabschauend, die das Bewußtsein der Gemeinde erhöhen und ihre Aufnahmefähigkeit für die transformierenden Energien stärken.

In jeder Gemeinschaft findet sich viel Dunkles, bedingt durch die Anhäufung mentaler und emotionaler Bürden der Menschen. Noch bevor der Gottesdienst begonnen hat, trennen die strahlenden Lichtwesen jene dunklen Bereiche von den reineren, duftenderen, leuchtenderen Gedanken und Einflüssen, die sich aus dem inneren Wesen des Menschen erheben und himmelwärts streben.

Die Hälfte dieser Engelschar wird bereit sein, die Bruchstücke der menschlichen Gedanken aus den Kirchen und Tempeln sowie ihren physischen und ätherischen Fundamenten zu vertreiben, bis sie im weißen Geistfeuer des Planeten aufgelöst werden. Die andere Hälfte widmet sich der Aufgabe, die zwar ernsthaften, doch unreifen und unvollkommenen spirituellen Energien der Menschen zu heben, bis diese mit ihren eigenen kristallklaren Schwingungen zu harmonieren vermögen.

Erst wenn der Mensch durch tiefe Bemühungen und Dankbarkeit zu einer Verbindung mit dem Höchsten gelangt, vermögen die Leuchtenden Wesen direkt auf ihn einzuwirken. Diese himmlischen Helfer sind auch dafür verantwortlich, die Hingabe möglichst schnell zur Blüte zu bringen und die Aura eines Ortes der Anbetung zu verstärken. Dieses ermöglichen sie durch ihre machtvollen Invokationen, die von unsichtbaren Wesenheiten des Lichtes beantwortet werden.

Der höchste Dienst der „Engel der Anbetung“ ist es, fähig zu sein, die gedanklichen Samenkörner der Menschen aufzunehmen und sie denen anzuvertrauen, die noch über ihnen stehen. Diese wiederum werden ebenfalls als Übermittler dienen, bis die Hingabe des Menschen einen solchen Duft der Heiligkeit entströmen läßt, wie ihn die Seraphim aufnehmen und beständig vor dem Einen, dem Herrlichsten, darbieten.

Die „Engel der Anbetung“ sind während des Gottesdienstes, bei dem sich Menschen zur Anbetung versammelt haben, ständig in Bewegung. Sie tauchen in die von den einzelnen ausgesandten Gedankenformen und die von den Gesängen, Gebeten, Meditationen und Ritualen ausgehenden Wellen und formen sie zu geistigen Kraftströmen. Auf Personen, die des besonderen Beistands bedürfen, ergießen sie einen Strahl geistiger Energie. Jede aufrichtig gesinnte Gruppe, die den Namen Gottes anruft, zieht wie ein Leuchtfeuer Engel an, deren Dienst darin besteht, das Band zwischen Gott und dem strebenden Menschen zu kräftigen. Alle ihre Tätigkeiten sind von großer Freude erfüllt.

Die „Engel des Gesanges“ unterstützen die „Engel der Anbetung“ bei der Erhebung des menschlichen Geistes. Sie lassen die Sphärenmusik erklingen. Viele große Komponisten wurden bewußt oder unbewußt von den Klanggebilden dieser himmlischen

Chöre inspiriert. Das trifft ganz besonders für Wagner zu. Der Gesang der Engel läßt sich nur sehr unvollkommen beschreiben; sie benutzen jedoch keine Worte.

Flower hat geschildert, wie diese Lichtwesen ihre unvergleichlichen Kompositionen schaffen. Die von ihnen hervorgebrachten Töne treten in ein trompetenähnliches Energiefeld ein. Dort werden sie von den Schwingungen der Engel geklärt und verstärkt. Die Kraft und Herrlichkeit, mit der die Musik dann hervorbricht, ist dem Menschen bisher unbekannt. Die Himmel hallen wider von der Freude und Klarheit der in die Welten strömenden Klangfülle.

Wenn sich ein Sänger selbstlos auf diese Frequenzen einschwingt, vermag seine Stimme den Ruf der Engel rein und klar wiederzugeben. Das Gleiche gilt für einen Kirchenchor. Die Auswirkungen solcher Gesänge machen sich auf die Entwicklung eines höheren Bewußtseins belebend bemerkbar.

Flower liebte jene Musik, die die Atmosphäre der Anbetung unterstreicht. Sie bediente sich ihrer nicht nur während des sonntäglichen Gottesdienstes, sondern auch im Laufe der Meditations-Wochenenden. Oft stimmte sie zum Abschluß eines Gottesdienstes in den Gesang des Chores ein. Besonders beeindrukkend waren jene Augenblicke, in denen sie selbst den sogenannten „Engelruf“ anstimmte.

Als Antwort auf die Anrufungen der „Engel der Anbetung“ finden sich die feierlich, rein und sehr weise wirkenden „Engel des Gebetes“ ein. Sie und die „Engel der Heilung“ nehmen die Gebete der Menschen auf und leiten sie in höhere Dimensionen. Aufgrund des Dienstes dieser heiligen Wesen werden die Gebete jene Quelle erreichen, die ihren Bedürfnissen entspricht.

Die „Engel des Gebetes" stehen eine Stufe über den „Engeln der Anbetung", aus deren Reihen sie sich entwickelt haben. Ihre Aufgabe ist es, nicht nur auf das Bewußtsein einer Gruppe zu achten, sondern auf das ihrer Individuen einzugehen. Aus ihren herrlichen, erhabenen Sphären bringt ihre durchdringende und verstehende Gegenwart einen befreienden Trost für viele beunruhigte Herzen, denen sie mit Rat beistehen, während sie ihnen unsichtbar nahe sind. Es ist ihr Wunsch, in der Aura eines jeden aufnahmebereiten Individuums eine Vorstellung, einen Anreiz oder eine Erkenntnis zurückzulassen, um dessen Fortschritt so zu bestärken.

„Engel des Gebetes" besitzen eine weiße Aura und sind gewöhnlich in strahlendes Licht gekleidet, was ihr Antlitz besonders deutlich hervortreten läßt. Sie sind zurückhaltend und von königlicher Gestalt. Sie beobachten, stärken und unterstützen die Aufnahme und Beantwortung unserer Gebete und Meditationen. Sie beschützen unsere selbstlosen Gedanken, damit sie unbeeinflußt in höhere Bereiche gelangen. Unwürdige Gedanken oder egoistische Bittstellungen werden ihre Ebene niemals erreichen.

Unsere Gebete ähneln Samen, die zur gegebenen Zeit erblühen und Frucht tragen. Die Liebe, mit der diese leuchtenden Lichtboten unsere höheren Eingebungen beschützen und hegen, ist ein Geschenk, für das wir uns stets dankbar zeigen sollten.

Flower hat einmal die Bemühungen eines solchen Engels um das Gebet eines Menschen bezüglich des Wohlbefindens eines entfernt lebenden Freundes beobachtet. Als sich eine rosafarbene geflügelte Gedankenform aus dem Gebet bildete, fing der „Engel des Gebetes" die auf das Heim gerichteten Gedanken auf. Einige Augenblicke lang schien es, als zeige sich ein Leuchtfeuer aus reinem weißen Licht direkt über dem Mentalbild. Langsam erweiterte sich dieses, vergrößerte sich und wechselte die Farbe von glühendem Rosa zu weiß-rosa. Die Gebetsform bis zu ihrem Ziel verfolgend, sah Flower sie von einem liebevollen Engel gehütet und beschützt. Er fügte dem menschlichen Gebet seine eigene Leuchtkraft hinzu, die sie einen außergewöhnlichen Duft und eine pulsierende Vitalität ausströmen ließ.

Unter Aufsicht der „Engel des Gebetes" wirken die „Engel der Heilung". Sie besitzen eine blaue Aura und antworten auf genau formulierte Bitten um Beistand, die sie rasch an die Seite des Kranken oder Verletzten führen. Sanft reinigen sie die Aura des Patienten, um sie von angesammelter Negativität zu befreien. Der physische und astrale Körper wird durch eine solche Reinigung angeregt, und die Lebenskraft kehrt zurück. Der Patient wird gesund. Die „Engel der Heilung" arbeiten nicht nur mit den Patienten, sondern auch mit den Ärzten und Krankenschwestern, indem sie ihnen auf telepathische Weise die individuell richtige Behandlungsmethode geben. Sollte ein Lebenszyklus jedoch aus karmischen Gründen beendet sein, egal ob in der Jugend oder im Erwachsenenalter, dann greifen die Heilengel nicht in das den

Übergang in die höheren Welten bestimmende Gesetz ein.

Flower hat diese strahlenden Wesen in Krankenhäusern beobachtet, in denen die dunkelschwarzen Auren des Schmerzes die Atmosphäre schwer und drückend machten. Doch die „Engel der Heilung" reinigten die Aura des Hospitals und befreiten sie von Stauungen und dem Dunst des Leidens, insbesondere in den Krankenzimmern, die es am meisten bedurften. Sie ersetzten Depressionen durch Hoffnung und Schmerz durch Frieden.

Diese Engel werden oft von den „Engeln des Gebetes" in ihrer Arbeit unterstützt. Flower hat einen solchen Fall beschrieben. Eine ihr nahestehende Person mußte sich einer Operation unterziehen. Sie betete zu Christus, daß er seine Boten senden möge. Kurz nach Beginn der Operation stellte sich Flower innerlich auf den Operationssaal ein. Sie nahm einen lavendelfarbenen Dunst wahr, der den gesamten Raum erfüllte. Als der Nebel eine gewisse Klarheit und Reinheit erlangt hatte, erschienen am Kopfende des Patienten zwei „Engel des Gebetes". Der rechts stehende konzentrierte sich auf den Hauptchirurgen. Der zur Linken stehende Engel war damit beschäftigt, den physischen und ätherischen Körper des Patienten zu kräftigen, da sich die höheren Körper gelöst hatten. Er sandte einen ununterbrochenen Strom lichtgelber Essenz aus, die vom Kopf des Patienten bis zu seinen Füßen floß. Er spülte den Bodensatz der Krankheit aus der Ätherregion heraus. Diese Beobachtung vertiefte Flowers Hochachtung vor diesen unermüdlichen großen Wesen.

Ein Krankenhaus ist immer von mehreren Heilengeln umgeben. Doch die Gebete der Patienten oder die Bitten der besorgten Freunde und Verwandten ziehen oft Wesen an, die einzelne Fälle übernehmen. Zunächst stellen sie fest, ob die Lebensspanne eines Patienten beendet ist. Soll er jedoch geheilt werden, bringen sie zuerst seine Krankheit zum Stillstand und bemühen sich dann, das Bewußtsein des Kranken zu durchlichten. Sie geben den Ärzten die zutreffenden Diagnosen und richtigen Behandlungsmethoden ein.

Jedem leidenden Menschen wird Hilfe aus den höheren Ebenen zuteil, sei es durch Medikamente oder Gebet. Im kommenden Wassermann-Zeitalter werden wir mittels Telepathie fähig sein, unmittelbare Verbindung zu den „Engeln der Heilung" aufzunehmen. Diese werden uns über die verborgenen Ursachen der Krankheiten unterrichten und uns Schritt für Schritt durch den notwendigen Heilungsprozeß geleiten. Durch ihre Hilfe und Heilungsanweisungen werden wir ein unerschütterliches Vertrauen in die eigenen geistigen Heilkräfte erlangen.

Über den „Engeln des Gebetes" und den „Engeln der Heilung" stehen die „Engel der Gegenwart Christi", die sich auf der Stufe der Erzengel-Entwicklung befinden. Je tiefer wir den Geist und die Gegenwart Christi in unsere Gedanken einschließen und uns ihm zuwenden, um so stärker wird unser Kontakt mit ihnen. Jede dieser strahlenden Wesenheiten ist ein Abgesandter Christi und nimmt an der Erfüllung Seiner Mission teil. Hingebungsvolle Gläubige, die sich im Gedenken an Christus treffen, können die Anwesenheit eines „Engels der Gegenwart Christi" erspüren.

Diese einzigartige Engelschar existiert seit Ewigkeiten und steht in Seinem Dienste.

Die Allgegenwart Christi strahlt nicht nur durch Seine vollkommenen Kanäle Energien aus, sondern auch Urformen der Göttlichen Liebe, Lauterkeit und Selbstlosigkeit. Jeder Meister, jeder göttliche Lehrer und Logos trägt zu der aurischen Ausstrahlung bei, die als der leuchtende Christus-Geist bekannt ist. Jede geweihte Tat in der Welt der Menschen, Engel und Logoi verstärkt die Lebenskraft dieses Christuslichtes.

Einer der „Engel der Gegenwart Christi" ist jener große Engel, der über dem Altar in Questhaven wacht. Er trägt den Namen Erzengel Mentiel. Er nimmt die Gedanken jedes einzelnen wahr, der sich dem Gebet widmet. Bei Zusammenkünften außerhalb des Sonntagsgottesdienstes wird er nicht anwesend sein, wenn die Teilnehmer mit weltlichen oder persönlichen Angelegenheiten beschäftigt sind und es versäumen, sich auf seine Gegenwart einzustellen. Diese große Wesenheit wird uns jedoch stets antworten, wenn wir darum bitten.

Der Kontakt mit einem von ihnen mag sich auch zu Zeiten ereignen, wenn wir eine schlechte Angewohnheit abgelegt oder eine irrige Meinung korrigiert haben. In der Ekstase der Freude werden wir unerwartet diesem Einweihungsengel begegnen. Dieses herrliche Lichtwesen verkörpert in sich immer eine männliche Polarität.

Aus der vollkommenen Lichtwelt des Christus und der Ihn umgebenden gewaltigen geistigen Energie treten Seine edlen Stellvertreter, deren Seelenkern in ebenso leuchtender Schönheit erstrahlt wie die Seine.

„Engel der Gegenwart Christi“ sind immer wachsam, denn sie sind bemüht, neue Altäre zu finden, von welchen aus sie ihre Gaben darbieten können.

Nicht in allen Kirchen finden sich diese Wesenheiten. Wenn der Geist sich zurückgezogen hat und die Zeremonien sich verhärtet haben, beginnt das Feuer auf den Altären zu erlöschen. Sie werden nicht eher wieder beseelt sein, bevor sie ein Wesen belehrt, dessen lichtdurchstrahlter Seelenkörper die Funken lebendiger Andacht erneut zu entzünden vermag. Jene großen Engel lassen sich überall dort antreffen, wo „tiefe Aufrichtigkeit“ zu finden ist, denn diese Grundeinstellung ist wichtiger als die bewußte Entwicklungsstufe der Gruppe oder ein vollkommenes Verstehen. Ein „Engel der Gegenwart Christi“ arbeitet mit der Seelenflamme des Menschen. Während jedes andächtigen Gottesdienstes ist er darum bemüht, die Funken göttlicher Eigenschaften zu beleben, die in dem Moment erwachen, wenn bestimmte Wirklichkeiten berührt werden. Ein „Engel der Gegenwart Christi“ spricht unseren geistigen Kern direkt an, im Bemühen darum, unser Bewußtsein von all dem zu läutern, was es seit unserem letzten Kontakt mit Gott verdunkelte.

Aufgrund der Arbeit mit Christus, und Seiner Schulung und der Taufe mit solarer Kraft, sind die „Engel der Gegenwart Christi“ umgeben und erfüllt mit den Eigenschaften, die Er ausstrahlt, und ebenso mit dem Leuchten der geistigen Sonne, das Ihn umgibt.

Während einer Zusammenkunft, die etwa eine Stunde dauert, werden drei unterschiedliche Läuterungen durch seine Gegenwart bewirkt. Durch die aufladende Kraft seiner Worte konzentriert sich die Reinigung auf die Schlacken, die sich um die niederen Aspekte der Menschen bilden. Zuerst ergießt sich eine Taufe des weißen schützenden Lichtes über die Anwesenden. Dieser folgt eine zweite Taufe, die die Gruppe während der Dauer des Gottesdienstes von versuchenden Kräften befreit, die nicht ihrer eigenen Schöpfung entspringen. Die dritte Taufe, die gewöhnlich zum Schluß der Feier gespendet wird, verstärkt die Ausstrahlung und das Ausmaß des reinen Christuslichtes innerhalb der Gruppe. Dieser notwendigen Läuterungsphase folgt der Segen des goldenen Lichtes, welches nur ein vollkommenes Wesen zu spenden vermag. Dieses Licht erhellt dann den geistigen Mantel der Gruppe.

Jene wunderbar reinen Wesen sind bemüht, während des Gottesdienstes auf das Bewußtsein eines jeden Sprechers einzuwirken, der sich an die Anwesenden wendet. Wenn der Übertragende den Strom fühlt oder auch unwissend weiterleitet, sendet eine Wesenheit wie der Erzengel Mentiel seine Kraftwogen bis in die letzten Winkel der Kirche, um so die selbstlose Arbeit der „Engel der Anbetung" zu verstärken und zu vertiefen. Er verursacht damit eine energetische Flut, die durch die Versammlung zu ihm zurückfließt, um damit das volle Spektrum mentaler Eindrücke und emotionaler Bedürfnisse und Nöte, die in der Gruppe lebendig sind, in seine Aura einzubringen. In diesem Willensakt aus Ebbe und Flut, die sein Licht hinaustragen und wieder zu ihm zurückführen, bedient er sich wichtiger „Helfer-Menschen" in jeder Gemeinschaft. Sie helfen dabei, seine Energien sozusagen zu erden und das Fließen zu verlangsamen und damit wirksamer zu gestalten.

Der strahlende Erzengel wird die Gedankenform der gesamten Gruppe anheben, die sich im Laufe des Gottesdienstes gebildet hat. Das geschieht meistens während des Schlußgebetes beim sonntäglichen Gottesdienst. Die herrlich farbenprächtige und ausgedehnte Gedankenform, die entstanden ist, beinhaltet alle Gebete und Nöte der Gruppe. Mit Hilfe seiner Fähigkeiten und seiner Kraft werden diese strahlenden kugelartigen Formen in die Obhut eines Seraphim übergeben.

Es ist wichtig, darauf hinzuweisen, daß ein Seraphim in keiner Hinsicht der kindhaften Darstellung gleicht, wie sie in Zeichnungen und Gemälden von Künstlern stilisiert wurde. Die Seraphim sind außergewöhnlich große, kühne und starke Wesen - göttliche Geschöpfe. Würde einer von ihnen eine der ehrwürdigen geweihten Stätten der Erde betreten, wäre er in den höheren Dimensionen von einer gewaltigen brausenden Kraft begleitet, stark genug, die versteinerten und begrenzten Anschauungen der Menschen aufzubrechen.

Zu den Seraphim steigen selbst die aufkeimenden Gedanken und die Verehrung der Jüngsten der Engel-Evolution empor. Durch sie wird die Gedankenform einer Gruppe wunderbar verstärkt und in jene unergründlichen mystischen Sphären des Lichtes erhoben, die jenseits des Gedankenbereiches der Engel und Menschen liegen.

Diese Dinge sollten wir bedenken. Obwohl wir niemals den „Engel der Gegenwart Christi“ direkt um eine besondere Hilfe bitten sollten, wäre es ratsam, in unseren Gebeten immer derer zu gedenken, die in der Gegenwart des Ewigen Gottes weilen, damit auch sie im Kontakt mit uns gesegnet und bereichert werden, die uns so selbstlos stärken und inspirieren.

Christus steht über den Engeln und den Menschen. Er setzt die Hilfe der Engel bei der Evolution der Menschheit ein. Wenn wir aufrichtig und ehrfürchtig Seinen Namen im Gebet nennen, vernehmen es die Engel aus diesen Reihen. Da sie mit Seinem Geist in Einklang schwingen, spüren wir oft die Gegenwart Christi, da sie Seine besondere Ausstrahlung widerspiegeln. Auch wenn wir die Dreieinigkeit anrufen, wenden wir uns nicht nur an diese drei Aspekte Gottes, sondern auch an die Heerscharen von Engeln, die ihnen dienen. Das Königreich Gottes, von dem Christus sprach, ist in der Tat unendlich und erfüllt jegliches Bedürfnis.

Engel

des Heiligen Geistes

Wir wollen nun unsere Aufmerksamkeit den Engelwesen widmen, die dem dritten Aspekt Gottes, dem Heiligen Geist, dem „Geist der Wahrheit“, dienen. Beständig konzentrieren sie ihre Kräfte auf den Dienst für den von ihnen verehrten Mahachohan, jenes erhabene Wesen, das dieses Amt als „Hüter des Geistes“ innehat, so daß daraus sowohl neue Kanäle für ihn erwachsen als auch neue Erkenntnisse für das Individuum, das er inspiriert.

Unter den leuchtenden Wesen, die in diesen Reihen stehen, sind die „Erwecker“, auch bekannt unter dem Namen *Remliel*, am zahlreichsten vertreten. Sie arbeiten allein und gewöhnlich jeweils mit nur einem Menschen. Die Bereitschaft einer Seele für einen geistigen Impuls wird ihnen durch die „Beschützer“ oder den „Schutzengel“ kundgetan. Indem sie ihre ungeteilte Aufmerksamkeit einer Person zuwenden, was einen Großteil ihrer Zeit in Anspruch nimmt, kann trotzdem nicht von Bevorzugung oder besonderem Interesse an einem bestimmten Menschenwesen die Rede sein. Die Motivation der Engel entspringt allein dem Wunsch, mehr Menschen darauf vorzubereiten, Gottes Plan so bewußt zu dienen, wie sie selbst es tun.

Wenn ein Mensch den geistigen Pfad betritt und beginnt, Gott zu suchen, unterstützt ihn der „Erwecker“ zunächst vor allem darin, alte Angewohnheiten und widerspenstige Verhaltensweisen abzulegen. Sobald wir uns für das Licht öffnen, wird unser Schattenselbst aktiv. Paradoxerweise gibt die Überwindung der inneren Dämonen Raum für die Erkenntnis, die Fähigkeit und den Entschluß, dem Licht entgegenzustreben. Der Sieg über das niedere Selbst gestaltet unsere Zukunft. Die *Remliel* leisten uns in dieser Hinsicht einen unschätzbaren Dienst.

Manchmal erkennen die „Erwecker“ während einer Meditation, bei einer geistigen Zusammenkunft oder der Prüfung eines Menschen, daß ein einzelner nun eines verstärkten Beistands bedarf. Um diesen Novizen, Schüler oder jemanden, der der Wahrheit dient, vorzubereiten, schaffen diese Engel die besten Bedingungen, um der Seele zur Reife zu verhelfen. Zuerst prüfen sie die Geisteshaltung desjenigen, um zu erkennen, auf welche Weise ihm geholfen werden kann, Irrwege zu verlassen und zu überwinden. Sie werden einem solchen Menschen viele Belehrungen zukommen lassen, damit er Einsicht in die Erkenntniskraft seines eigenen Geistes gewinnt und die Grundübel und Fehler, die seinem Schattenwesen entspringen und die der Läuterung und Austilgung bedürfen, erkennt. Zerstörerische Denk- und Handlungsweisen, die als Überbleibsel aus vergangenen Leben in diese Inkarnation mitgebracht worden sind, wirken oft als Achillesferse. Völlig unerwartet kriechen sie aus den Tiefen des Unbewußten empor und vereiteln unsere guten Absichten. Diese negativen Impulse werden ihre schädigenden Einflüsse verlieren, wenn wir sie im Gebet in das Licht erheben.

Daher mögen Schüler, welche die Wahrheit suchen, für eine gewisse Zeit übertrieben um ihre eigene innere Läuterung bemüht sein. Wenn sie die Notwendigkeit dieser Entwicklungsphase verstehen und sich dessen bewußt sind, daß herrliche, reine und überaus weise Engel ihre Schritte lenken, werden sie sich entspannen und an jenen Aspekten arbeiten, die ihnen in Momenten der Selbsterkenntnis zuteil wurden.

Nach dieser Läuterungsphase eröffnet sich die Gelegenheit, Bereiche neuen geistigen Wachstums zu betreten. Da es sich bei der Überwindung der persönlichen Schwächen um eine fortwährende Herausforderung handelt, konzentrieren sich die „Erwecker" auf die Ausdehnung und Erweiterung des Mentalkörpers, um so seine Schwingungen ganz auf die göttlichen Energien einzustimmen. Dadurch werden bestimmte geistige Aspekte des Menschen beeinflußt, wie zum Beispiel das Unterscheidungs- und Erinnerungsvermögen sowie die Fähigkeit der Schlußfolgerung und Erkenntnis. Eine solche Zeitspanne, in der der Strebende daran arbeitet, echte Hingabe zu erlangen, wird einen Markstein im Leben eines jeden setzen.

Ein wesentlicher Aspekt der Bemühungen dieser besonderen Engel liegt in ihrer Bereitschaft, für jeden Menschen, den sie möglicherweise erreichen können, die mentalen Voraussetzungen zu schaffen, die „bewußte geistige Einheit" wiederzuerlangen, das heißt, sich der inneren Welten mit ihren Reichtümern bewußt zu werden. Die inkarnierte Seele berührt so erneut die Ufer ihrer ewigen Heimat. Dies erfordert andauernde Arbeit des *Remliel*-Engels, indem der Mensch mit bestimmten mentalen Energien versorgt und sein Mentalkörper rein, aufgeschlossen und begeisterungsfähig gehalten werden muß.

Die Erlangung dieser bewußten geistigen Einheit erfordert zwei Voraussetzungen - Selbstüberwindung und Erleuchtung. Obwohl diese beiden Begriffe gegensätzlich zu sein scheinen, bilden sie in gewissem Sinne eine Einheit. Die Erfahrung des Göttlichen erfüllt den Jünger mit unbeschreiblicher Freude und dem Gefühl, daß das Leben von nun an seinen richtigen Weg verläuft. Dieses geistige Erwachen ist der Durchbruch aus der Erdgebundenheit in die Erfahrung der Wirklichkeit Gottes. Es verändert die Lebensanschauung und den Blick für die Realität für immer. Doch da es sich hierbei nur um den Beginn der spirituellen Reise handelt, liegt die harte Arbeit der Selbstüberwindung noch vor uns.

Wir sind nun gezwungen, unser eigenes Selbst näher zu betrachten, ein Anblick, der oft weder schmeichelhaft noch positiv ist. Die „Erwecker" verwenden einen Großteil ihrer Aufmerksamkeit auf die Klärung und Läuterung von Körper, Geist und Gefühlen des Menschen. Diese Arbeit erstreckt sich über sehr viele Leben. Oft brechen unsere hohen Erwartungen im Anblick der Fülle noch anstehender Aufgaben zusammen, und wir sind überwältigt und entmutigt. Doch es wird die Zeit kommen, wenn wir dieses Wechselspiel zwischen unserer höheren und niederen Natur erkennen und auszugleichen vermögen. Jeder siegreiche Kampf mit unserem Ego bringt uns dem Gipfel ein Stück näher.

Neben ihrem Bemühen um unsere Läuterung, die der Erleuchtung Raum gibt, fördern die „Erwecker" auch die Aufnahmefähigkeit für die Schwingungen der inneren Welten. Die Tore für Einsicht, Intuition und Kreativität öffnen sich. Die Überbetonung unserer eigenen Begabung verliert sich zugunsten der Erkenntnis, daß Engel uns beeinflussen. Die „Erwecker" bereiten in erster Linie das Feld für Bewußtseinserweiterung und Charakterbildung.

Die nächste große Gruppe, die in den Erfahrungsbereich des Jüngers eintritt, ist die Schar der „Inspiratoren". In den inneren Welten wird ihnen der Name *Fireal* gegeben. Diese „Engel der Weisheit" sind weit fortgeschrittene Wesen. Man wird sie nur auf der kausalen beziehungsweise Seelenebene erreichen können. Ihnen steht der Dienst innerer Stärkung zu und die Offenbarungen geistiger Wahrheiten für jene Menschen, die sich in höheren Dimensionen oder auch in einer physischen Hülle aufhalten. Diese Wesenheiten werden oftmals mit den Kräften der Kreativität in Verbindung stehen. Doch ihre Aufgaben sind weit umfassender. Sie bemühen sich um die Inspiration von Menschen, damit diese Gedanken, Anregungen und innere Weisungen aufzunehmen vermögen, die sie geistige Stufen erklimmen lassen, die normalerweise weit jenseits ihrer Möglichkeiten liegen. Die inspirierenden Engel arbeiten alleine und bleiben gewöhnlich mit einem einzelnen Menschen in Kontakt, bis eine bestimmte Aufgabe vollendet ist.

Wie alle Engel, die dem „Geist der Wahrheit" dienen, achten auch die „Inspiratoren" sorgfältig auf jede Gelegenheit, dem Menschen zu helfen, den nächsten Wachstumsschritt zu vollziehen, der ihn der Einweihung und Erleuchtung entgegenführt. Ihre Einflußnahme läßt sich besonders stark an spirituellen Höhepunkten verspüren, wie Weihnachten, Neujahr, Ostern und dem Fest des Erzengels Michael. Weitere wichtige Tage für ihre Eingebungen sind der Geburtstag eines Menschen, die Eheschließung oder wichtige Schritte innerhalb der Karriere. Gerade in solchen Zeiten sind wir besonders offen für vielversprechende Möglichkeiten und begierig, zu neuen Ufern aufzubrechen und uns begeistert in neue Abenteuer zu stürzen. Andere Gelegenheiten sind bestimmte Herausforderungen oder Prüfungen, wie ein Abschlußexamen, ein Gerichtstermin, ein Vorstellungsgespräch oder irgendeine andere Aufgabe, die es erforderlich macht, einen kühlen Kopf zu bewahren, Mut zu zeigen und auf Gott zu vertrauen.

Auch während Reisen zu bestimmten Plätzen der Natur, geweihten Orten oder Kulturzentren erhöht sich unsere Aufnahmefähigkeit für frische Eindrücke, da wir entspannter und erwartungsvoller sind. Unsere Aura ist durchlässiger und heißt neue Erkenntnisse geradezu willkommen. In solchen Augenblicken schenken uns die „Erwecker“ und die „Engel der Inspiration“ ihren erleuchtenden Beistand.

Der Aufgabenbereich der *Remliel*- und der *Fireal*-Engel umfaßt die Stärkung und Läuterung ihrer Schutzbefohlenen. Sie unterstützen ihre Kreativität und schenken ihnen neue Einsichten. Eine noch herrlichere Schar der Engel nennt man die „Erleuchtenden“ oder *Imli*. Diese Engel dienen der Vorbereitung auf die Einweihungen. Die spirituelle Reise des Menschen ist von fünf Haupteinweihungen gekennzeichnet. Jede einzelne bewirkt eine Transformation der gesamten Persönlichkeit, die tiefgreifende Erkenntnisse und besondere Fähigkeiten mit sich bringt. Bis zur Erlangung einer Einweihung vergehen gewöhnlich unzählige Leben. Die „Erleuchtenden" wirken unermüdlich an der Schaffung der dafür erforderlichen inneren Bedingungen im Menschen. Zwischen den einzelnen Haupteinweihungen liegen zahlreiche kleinere Einweihungsschritte, die sich im Laufe des täglichen Wachstums ergeben. Dabei kann es sich um bloße Einsichten handeln, die Licht auf ein bestimmtes Problem werfen, aber auch um wesentliche Erkenntnisse der Wahrheit.

Während die „Erwecker" und „Inspiratoren" sich auf die kleineren Einweihungen konzentrieren, richten die „Erleuchtenden" ihre Aufmerksamkeit auf jene Menschen, die vor den Toren einer der Haupteinweihungen stehen. Diese Engel kann man ausschließlich mittels der höchsten, selbstlosesten und erleuchtetsten Bewußtseinsschichten des Menschen erreichen. Die „Erwecker" beschäftigen sich vorwiegend mit der Läuterung des Individuums, indem sie es zur Selbstüberwindung anspornen. Die „Inspiratoren" richten ihr Augenmerk auf die Öffnung eines Pfades zur Wahrheit in ihm. Die „Erleuchtenden" dagegen konzentrieren ihre durchlichtenden Strahlen auf jene Jünger, die bereit sind, ihre selbst auferlegten Grenzen zu überwinden.

Bergeshöhen stellen die bevorzugten Plätze für diese Arbeit am Menschen dar, jedoch auch, um die Fähigkeit der Menschen zu entfalten, das eigene Bewußtsein in jene Höhen emporzuschwingen, in welche diese großen Engel sie zu ziehen vermögen. Wenn das niedere Selbst überwunden ist und die Seele die Herrschaft übernimmt, dann wird eine Verbindung zu diesen Wesenheiten möglich. Es folgt der Beginn der Offenbarung jener Mysterien, die jenseits des bisher bekannten Erkenntnisraumes liegen. Bezeichnend für einen solchen Übergang ist ein gewisses Maß an Weisheit, das Erwachen für jene uralte, zeitlose Wahrheit.

Diese Stufe unserer Evolution, wenn die Verbindung zu den „Engeln des Hl. Geistes" enger wird, bringt bemerkenswerte Leistungen in allen Bereichen menschlicher Aktivität hervor, sei es in der Kunst und Wissenschaft oder auf dem Gebiet der Technik und Regierung. Die Lebensqualität wird trotz auftretender Schwierigkeiten und Probleme ganz allgemein gesteigert.

Über den „Erleuchtenden" stehen die *Chohi*, die direkt dem Hl. Geist dienen. Sie stehen auf einer Stufe, auf der auch die geistige Evolution der „Engel der Gegenwart Christi" anzusiedeln ist. Sie vermitteln überaus wichtige, weltbewegende und erleuchtende Weisungen. Ihre Archetypen erstrahlen durch die Kraft des Heiligen Geistes. Die heiligen Schriften der Weltreligionen sind in der Hauptsache auf ihre Inspiration zurückzuführen. Alle großen religiösen Bewegungen entstammen dieser Quelle.

Häufig erfassen die Menschen in ihrer Erdgebundenheit den Ursprung dieser Inspiration und Kreativität nicht und schreiben herausragende Leistungen der Begabung einzelner Genies zu. Diese Individuen besitzen in der Tat die Gabe, sich auf die vibrierenden Gedankenformen der leuchtenden Wesen im Dienste des Hl. Geistes einzuschwingen. Diese himmlischen

Impressionen erscheinen dann in solchen großartigen Kompositionen, wie Händels Messias, oder in wissenschaftlichen Erkenntnissen, wie der Kekuleschen Benzolformel, die der Chemiker in einem traumähnlichen Zustand erfaßte. Viele wissenschaftliche Erkenntnisse sind dem sogenannten Zufall zuzuschreiben.

In seinem Buch „The Sleepwalkers" beschreibt Arthur Köstler, wie bahnbrechende Erkenntnisse auf dem Gebiet der Astronomie von einzelnen Menschen gewonnen wurden, die keineswegs auf wissenschaftlicher Methodik aufbauten. Diese Individuen besaßen die Gabe der Intuition. Wir müssen uns von einigen falschen Konzepten lösen und auf unsere innere Stimme hören oder, wie Köstler es ausdrückt: „Die Voraussetzung für Originalität ist, daß wir zum rechten Zeitpunkt vergessen, was wir wissen." Es würde die Engel mit großer Freude erfüllen, könnten wir unsere falschen Auffassungen aufgeben und uns für neue Einsichten und Erkenntnisse öffnen.

Die Mystiker aller Zeiten haben diesen göttlichen Beistand am besten verstanden. Ihr Zugang zu den höheren Bewußtseinszuständen verbindet sie direkt mit dem Hl. Geist und den Engelscharen, die Ihm dienen.

Auf der Suche nach Wissen und göttlicher Weisheit wendet sich der Mystiker nach innen. Er beginnt seine spirituelle Reise im Vertrauen auf den Heiligen Geist. Nach den Worten Christi liegt das Königreich Gottes in uns. Die Mystik legt Zeugnis ab für die Erfahrung der Einheit mit der Wirklichkeit.

Im folgenden Kapitel werden wir uns drei weiteren Gruppen himmlischer Helfer zuwenden, die der Menschheit nahestehen.

Engel
und Erzengel

Sowohl die Schutzengel als auch die „Erwecker"-Engel bemühen sich, dem Menschen ihres Verantwortungsbereiches zu helfen, die seinem Schattenselbst entspringenden zerstörerischen Elemente, die seinen geistigen Fortschritt hemmen, zu überwinden. Diese widerstrebenden Kräfte stellen die Herausforderungen auf dem menschlichen Entwicklungsweg dar. Wenn wir ihnen nicht konstruktiv begegnen, werden wir unter den Folgen zu leiden haben. Wir werden uns einer bestimmten Prüfung solange immer wieder unterziehen müssen, bis wir die entsprechende Lektion gelernt haben. Der Mensch nähert sich Gott durch „Selbstüberwindung".

Es gibt drei Evolutionspfade, die der Entfaltung des Lebens dienen. Neben der Engel- und Menschen-Evolution gibt es noch die sogenannte „dritte Linie", den dämonischen Weg. Letzterer ist nur wenig bekannt. Der Sinn dieses Zweiges liegt darin, die Bemühungen des Menschen in einer Weise herauszufordern, daß dieser sich normalen spirituellen Einflüssen gegenüber abweisend verhält. Das archetypische Bild einer solchen Begegnung mit dem Bösen stellt die Versuchung Jesu in der Wüste dar. Jesus reagierte darauf mit den Worten: „Weiche von mir, Satan."

Versuchungen und Prüfungen sind Begleiterscheinungen auf unserem lichtwärts gerichteten Weg. Wir müssen diesen schwierigen Versuchungen eindeutigen Widerstand leisten, indem wir die subtilen Machenschaften erkennen und zurückweisen. Am Anfang mögen wir ein Opfer sein. Doch wenn wir durchhalten und uns immer wieder entschlossen mit der Versuchung auseinandersetzen, wird es uns schließlich gelingen, sie zu überwinden.

Wenn herausragende, spirituell hochentwickelte Menschen die zerstörerischen Kräfte vernichten, sinkt der Versucher allmählich in sich zusammen und kehrt zum Zustand der Ur-Materie zurück. Der Evolutionspfad kann erneut begonnen werden.

Außer dem Schutzengel und den Scharen strahlender Wesenheiten, die uns beistehen, gibt es eine Engel-Gruppe, die jederzeit bereit ist, mit den Kräften des Gegensatzes zu kämpfen. Es sind die Helfer des Erzengels Michael. Die Aufgabe dieser tapferen, furchtlosen Lichtwesen besteht darin, die Kräfte der Dunkelheit zugunsten des Lichtes zu zerstreuen. Wenn sich ein Mensch normal entwickelt, können ihm diese Mächte nichts anhaben. Läßt er sich jedoch von ihnen überwältigen und weist die Hilfe seiner Engel zurück, steuert er ins Verhängnis. Solche Fälle führen oft zu der falschen Vorstellung von der Übermacht des Bösen, was auf viele wahre Gottessucher entmutigend wirkt.

Doch die Geschichte hat gezeigt, daß gerade in solchen Zeiten, wenn die Dunkelheit schwer auf der Menschheit lastet, die himmlischen Streiter sie siegreich bekämpfen. Dazu bedarf es nur der Bereitschaft einer einzigen Seele auf Erden, die, sich dem Bösen entschlossen gegenübertretend, ihr Eingreifen erbittet. Unsere innere Stärke wird beständig auf die Probe gestellt. Dem Menschen, der den Weg der freiwilligen Hingabe an die ewige Gottheit beschreitet, werden die strahlenden Heerscharen der „Krieger-Engel“ stets zum Siege verhelfen.

Wir wollen nun einige Merkmale einer solchen Begegnung mit dem ‘Bösen’ betrachten. Je genauer wir diesen Vorgang verstehen, desto besser können wir uns darauf vorbereiten. Ein Angriff der dunklen Mächte ruft zunächst ein Gefühl der Lähmung in uns hervor, gefolgt von einer gewissen Verwirrung, die oft an Verzweiflung grenzt. In diesen Momenten bemühen sich die Lichtwesen, unsere Willenskraft und unseren Mut zu entfachen, um uns zu starken und wachen ‘Kriegern’ des Geistes zu machen, die es mit den Kräften der Versuchung aufnehmen können.

Furcht und Verletzbarkeit schwinden dahin, und wir erkennen die Wahrheit des alten Spruchs: „Mit Gott ist alles möglich.“ Im Vertrauen auf die Stärke des Lichtes und den Schutz Gottes vermögen wir dem Feind unerschrocken und ruhig gegenüberzutreten und unsere Rechte zu behaupten. Der Kampf ist hart, doch der Sieg wirkt erlösend.

Wenn wir mit dem ‘Bösen’ konfrontiert werden, müssen wir uns darauf besinnen, daß im Grunde genommen nichts unsere Position zu gefährden vermag. Auch wenn die Finsternis blitzartig angreift und uns von dem erstrebten geistigen Fortschritt abzuhalten versucht, so besitzen wir doch die Waffen der Wachsamkeit, der Erkenntnis und des Gottesglaubens. Solche Zeiten der Herausforderung verlangen von uns innere Ruhe und Furchtlosigkeit. Wir kämpfen aus dem Licht für das Licht.

Wir sollten uns die lichten Welten mit ihren „Krieger-Engeln“ und den unermeßlichen Beistand, den der Schöpfer uns gewährt, vor Augen führen. Seine Gegenwart stärkt unsere Willenskraft, dem Bösen gegenüberzutreten, ungeachtet dessen, in welcher Form es in Erscheinung tritt. Doch es wäre falsch, unseren Feind zu über- oder unterschätzen.

In der Auseinandersetzung mit der destruktiven Evolutionslinie müssen wir noch einen weiteren Aspekt beachten. Obwohl uns zerstörerische und auf das Ich bezogene Angewohnheiten zuwider sein mögen, dürfen wir diese Verachtung niemals auf die Person selbst übertragen. Es wäre besser, ihr einfach Gleichgültigkeit entgegenzubringen. Interesselosigkeit kränkt die Versucher der Menschheit mehr als Haß.

Der Erzengel Michael und seine Streiter bieten uns undurchdringlichen Schutz. Michael bedeutet: „Der, der von Gott ist“. Obgleich er zu den Scharen der Erzengel gezählt wird, gehört er zu den eine Stufe darüberstehenden „Engel-Fürsten“. Er wird sowohl im Alten wie im Neuen Testament erwähnt. In der Genesis heißt es, daß der Engel des Herrn Abraham davor bewahrte, seinen Sohn Isaak zu opfern. Die Offenbarung nennt Michael als jenen mächtigen Engel, der „den Satan aus den Himmeln zur Erde hinabstürzte“. Die drei großen Religionen, das Juden- und Christentum sowie der Islam zählen diesen „Engel-Fürsten“ zu ihren Beschützern. Die Chaldäer erhoben ihn zu gottähnlichem Rang, und die Ägypter machten ihn zum Schutzheiligen des Nils. Die Briten und Kelten verehrten ihn als ihren besonderen Engel. Das älteste, dem Hl. Michael geweihte Heiligtum in England datiert vor der Christianisierung dieser Region.

Der Erzengel Michael und seine Helfer verfügen über ungeheure Kräfte im Kampf gegen die Dunkelheit. Von der Ätherebene aus wirkend, vernichten sie die Machenschaften der Mächte des Gegensatzes. Wenn menschliche Eigensucht, Habgier und das Verlangen nach Macht auf psychischer Ebene zerstörerische Energien anhäufen, die sich oft auf ganze Nationen ausweiten, dann greifen diese Engelskrieger solche Bastionen der Finsternis unermüdlich an und durchlichten sie allmählich.

Nach den Aussagen von Flower läßt sich seine Gestalt, wenn sie sich manifestiert, kaum von einem Künstler erfassen, da sie beständig aufflammt, so als bestehe sie aus unzähligen Blitzlichtern. Er ist ungewöhnlich groß und von machtvoller Erscheinung. Seine Aura erstrahlt überwiegend in orangefarbenen Tönen, dem Zeichen seines Mutes und seiner ungeheuren Stärke.

Er ist stets in Schweigen gehüllt, selbst bei der größten Aktivität. Helle Lichtstrahlen blitzen aus seinen Augen hervor; seiner Autorität und Machtfülle kann nichts widerstehen. Ein einziger Blick genügt, böswillige Absichten zu zerstören oder das Gute zu fördern. Auch seinem Herz-Chakra und den Zentren seiner Hände entströmen leuchtende Strahlen. Wenn er den Arm erhebt, gleicht diese Geste einem Schwert, das die Menschheit auffordert, sich aus dem Sumpf der Instinkte zu erheben und ihr geistiges Ziel zu erkennen.

Seine klare Entschlossenheit, die gegnerische Kraft zu überwinden, zeichnet einen „Krieger des Lichts“ aus, dessen Aufgabe es ist, das Böse zu zerschlagen und zu verwandeln. Der göttliche Impuls einer solchen Tat liegt nicht in der Zerstörung, sondern in der Verwandlung, die an ihrem Ende steht. Durch irgendeine Ausdrucksform des Negativen wird die Menschheit in Versuchung geführt. Diese dunklen Kräfte werden ihrerseits durch die Konfrontation mit dem Erzengel Michael und seinen Legionen geläutert. Angesichts dieser Tatsache mag man sich fragen, wie es möglich ist, daß das Böse überlebt. Es gibt nur eine einzige Kraft, die es lebendig erhält - und das ist der menschliche Wille, der den Versuchungen der destruktiven Evolutionslinie erliegt. Solange der Mensch extrem vom eigenen Willen geprägt ist, befindet er sich in einer mißlichen Lage. Gelingt es ihm jedoch, sich aus diesem Abgrund herauszureißen und seine Bemühungen konstruktiv zu gestalten, werden die dunklen Kräfte allmählich weichen. Um uns der Beherrschung der Finsternis zu entziehen, sollten wir unser Leben nach den Worten Jesu ausrichten: „Dein Königreich komme; Dein Wille geschehe, wie im Himmel, so auf Erden.“

Dem Bericht zufolge schaute Johanna von Orleans jenen herrlichen Engel-Fürsten. Dieses einfache Bauernmädchen trat auf die Bühne der Geschichte und führte das Heer Frankreichs zum Sieg. Ihre Feinde klagten sie der Hexerei an. Während der Strafverhandlungen wurde ihr die Frage gestellt, ob sie tatsächlich den Erzengel Michael und seine Engelscharen erblickt hatte. Johanna antwortete: „Ich sah sie mit meinen körperlichen Augen, so wie ich euch sehe, und als sie mich verließen, wäre ich gerne mit ihnen gegangen."

Der Erzengel Michael gehört zu den vier bekanntesten Engeln des Christentums, die dem Christus und Seinem Werk dienen. Der Erzengel Gabriel verkündete Maria, daß sie einen Sohn gebären werde. Er betreute die Gründung der Kirche und die Entwicklung des christlichen Glaubens bis zum Beginn der Renaissance. Dann übernahm der Erzengel Raphael die Führung im Bereich von Kunst und Wissenschaft.

Die Epoche zwischen den Jahren zweitausend und zweitausendfünfhundert wird im Verantwortungsbereich des Erzengels Michael liegen. Unsere heutige Zeit bedarf dieses mächtigen Engel-Fürsten, der die entfesselten Kräfte des Gegensatzes bekämpft, die sich über unsere Welt in Form von verzerrten moralischen Grundsätzen, sexueller Perversion, Kriminalität und Krieg ergossen haben. Durch die Entfaltung des spirituellen Bewußtseins wird er die Menschheit dazu veranlassen, Selbstbeherrschung, Recht und Ordnung wieder einzuführen. Sein Nachfolger, der Erzengel Uriel, wird ihr zu einer erleuchteten Epoche in Philosophie und Wissenschaft verhelfen.

Der Erzengel Michael steht uns nicht nur im Kampf gegen das in der äußeren Welt manifestierte Negative bei, sondern unterstützt uns auch bei der Überwindung unseres niederen Selbst. Es ist unser Egoismus, der unsere guten Absichten vereitelt und den dunklen Aspekt der menschlichen Natur heraufbeschwört, der sich als Angst, Ärger, Habgier und Stolz ausdrückt. Für diese negativen Impulse sind wir am anfälligsten.

Der endgültige Sieg über unsere niedere Natur schützt uns am besten vor den von außen auf uns eindringenden dunklen Kräften und baut eine bleibende Beziehung zu Gott auf.

Obwohl der Erzengel Michael und seine Scharen die Gegenkräfte zu neutralisieren vermögen, bedürfen sie unserer Bereitschaft für die Annahme des Lichtes; ansonsten wären die dämonischen Energien längst von dieser Erde verbannt worden. Unser Bemühen, jene Macht in unserem eigenen Wesen zu bekämpfen, gibt diesen himmlischen Streitern die Möglichkeit, sich mit uns zu verbinden und uns beizustehen.

Sobald der Mensch für die Allgegenwart Gottes erwacht ist und ein Leben aus dem Göttlichen heraus führen will, versuchen die Schattenkräfte, sich gerade der guten Vorsätze zu bemächtigen und drängen ihn, sie zu brechen. So vergessen die Menschen sie ganz einfach. Ähnlich verhält es sich mit unserer Verbundenheit zu jenen mächtigen Engeln. Sie können nur dort hilfreich eingreifen, wo der Wahrheitssucher ihre Wirklichkeit anerkennt und ihren Beistand erbittet. Gott ist allmächtig. Das Böse stellt keine Gefahr für die Unermeßlichkeit der Schöpfung dar. Nur die Ausübung des freien menschlichen Willens macht es möglich, daß das Licht hier auf Erden bekämpft, mißachtet oder gefördert wird.

Es gibt bestimmte Bereiche in den inneren Welten, wo die Engel sich ausruhen. Flower hat einmal ihren Besuch von einem solchen Ort der Stille für die „Krieger-Engel“ beschrieben, der sich auf der Astralebene befand. In einer Naturlandschaft nahm sie eine Reihe mächtiger Felsblöcke wahr, an die zur einen

Seite ein duftendes Blumenfeld angrenzte und von denen ein herrlicher Wasserfall herabstürzte. Am Eingang einer lichterfüllten Grotte ragte ein mächtiger Baum empor, der einem Mammutbaum glich. Ein neben ihm stehender „Krieger-Engel“ blickte zu einer höchst ungewöhnlichen strahlenden Substanz in Form eines Leuchtbrunnens hinauf. Während des gesamten Erlebnisses vernahm Flower den Gesang der Engel, der sie an den Ruf der Wallküren erinnerte.

Eine Gruppe himmlischer Helfer, die den „Krieger-Engeln“ nahesteht, ist jene der *Amenlee*. Sie widmen sich den sogenannten unverbesserlichen Seelen, den extrem vom eigenen Willen geprägten Individuen, die vielfältige Arten von Herausforderungen für Menschen heraufbeschwören, die sich auf gesunde Weise fortentwickeln. Der Hauptunterschied zwischen der Evolution der Engel und der Menschen liegt in der Art und Weise der Entwicklung. Engel reifen über ihre „Arbeit“. Menschen nähern sich Gott durch die „Selbstüberwindung“. Je mehr Arbeit Engel erfolgreich abschließen, um so eher bereiten sie sich auf eine höhere Einweihungsstufe vor.

Die *Amenlee* gehören zu den „Engeln des Schicksals“ und stehen im Rang eines Schutzengels. Sie arbeiten eng zusammen mit den fortgeschrittenen Engelscharen, die dem Hl. Geist dienen. In der unvermeidbaren Auseinandersetzung mit dem Bösen erhalten die meisten Menschen von einer Gruppe strahlender Wesen neue Anregungen. Oftmals ist dabei ein Kampf zwischen den niederen und höheren Kräften im eigenen Selbst auszufechten. Doch es gibt tragische Ausnahmen vom normalen Entwicklungsweg. Sie finden sich bei jenen, die Eigenschaften besitzen, die zerstörerisch auf die Natur und nachteilig auf sie selbst und andere wirken.

Nachdem ein Schutzengel und ein Engel im Dienste des Geistes der Wahrheit diese umherirrenden Individuen beobachtet haben und falls sie diese normalen spirituellen Einflüssen gegenüber abweisend vorfanden, ziehen sie einen *Amenlee* hinzu. Dieser untersucht eingehend den hochmütigen Stolz, der in solchen Fällen vorliegt. Nachdem er die Stärken und Schwächen dieses Menschen einer genauen Betrachtung unterzogen hat, wird auf verschiedenen Wegen auf seinen falsch ausgerichteten Willen Einfluß genommen. Ein *Amenlee* mag solche verwirrten Geister der Gesellschaft spiritueller, starker Seelen, deren Wille auf das Gute gerichtet ist, zuführen. Die zur Erforschung einer solchen Seele benötigte Zeit variiert natürlich von Mensch zu Mensch. Jene, die zerstörerische und ichbezogene Gewohnheiten angenommen haben, deren Wesen jedoch im Grunde unverdorben und offen ist, ändern sich oftmals schon durch das reine Beispiel.

Verharrt ein Mensch unter diesen ersten Einwirkungen unbewegt und unbeeindruckt, mag der *Amenlee* ihn mit ungewöhnlichen spirituellen Persönlichkeiten vertraut machen.

Sollte ein Mensch unvorteilhaft auf eine solche Begegnung reagieren, werden dem jeweiligen Fall entsprechend völlig neue und oft aufrüttelnde Ereignisse vorbereitet. Sie sollen als eine Art Schocktherapie wirken. Damit ist die Hoffnung verknüpft, daß diese neuen Faktoren dem Individuum zu einer verbesserten Einstellung verhelfen. In seiner Novelle Les Miserables beschreibt Victor Hugo die Charakterwandlung des Jean Valjean. Nachdem dieser viele Jahre lang im Gefängnis verbringen mußte, weil er einen Brotlaib für seine hungernde Familie gestohlen hatte, erfüllen ihn Bitterkeit und Ärger. Nach seiner Entlassung begegnet er einem Priester, der ihm volles Vertrauen entgegenbringt. Er aber stiehlt dessen Silberbesteck, wird dabei erwischt und vor den heiligen Mann gebracht. Dieser besteht darauf, daß es sich bei dem Silberbesteck um ein Geschenk handelte. Er bietet ihm sogar noch zusätzliche Teile an, die er angeblich übersehen hatte. Diese ungewöhnliche und unerwartete Freundlichkeit ruft eine tiefgreifende Wandlung in Valjean hervor, der sich zu einem beispielhaften Bürger entwickelt. Eine solche Umkehr, die den dazu beitragenden Engeln niemals entgeht, ist wohl kein Einzelfall.

In schwierigen Fällen vermögen nur Prüfungen der einschneidendsten Form eine sich widersetzende Seele zum Wandel zu bewegen. Nach einer Weile wird der *Amenlee* sich erneut mit der Seele beschäftigen, um festzustellen, wie tief sein Schützling auf den inneren Ebenen durch die schweren, demütigenden und leidbringenden Erfahrungen angerührt wurde. Manchmal fügen sich Rebellen, die ernsthaften Prüfungen ausgesetzt werden und sich zuvor anderen Maßnahmen gegenüber unbeeindruckt gezeigt haben, in die dringende Notwendigkeit der Hingabe des eigenen Egos.

Jene, die ausgesprochen unempfindlich auf die Einwirkungen der Engel reagieren, befinden sich in einer Zwangslage. Wenn ein Engel ein oder mehrere Lebensspannen darum gekämpft hat, die Seele eines Menschen aus dem Abgrund der Sinnlosigkeit oder Kriminalität herauszureißen, mag er erkennen müssen, daß diese Seele den Weg der unmenschlichen, dämonischen Intelligenzen wählt. In einem solchen Fall wird der *Amenlee* fortgeschrittenere und erfahrenere Engel aus seinen Reihen hinzuziehen, damit diese seine Arbeit unterstützen und neue Angriffsmöglichkeiten in Erwägung ziehen. Unter der Aufsicht des höhergestellten *Amenlee* wird dann erneut massiv auf diesen Menschen eingewirkt, um seine gefährdete Seele zu retten.

Bei diesem gemeinsamen Bemühen mögen viele Therapien, die bereits ausgeführt worden sind, noch einmal wiederholt und dabei in gewissen Abständen Neuerungen eingestreut werden. Das Eingreifen des neuen himmlischen Helfers bewirkt manchmal, daß der widerspenstige Mensch etwas Ungekanntes verspürt, was, bis zu einer gewissen Grenze, seine Aufmerksamkeit erregt.

Nur eine verschwindende Zahl von Menschen zeigt sich unempfindlich gegenüber allen Versuchen der sich um sie bemühenden Engel. Für diese verstockten Seelen gibt es noch eine letzte Instanz - den „Geist der Gnade". Dieser göttliche Aspekt durchdringt die Situation mit einer völlig neuen Energie. Durch diesen himmlischen Helfer wird ihnen in wundersamer Weise ein selbstloser Dienst zuteil, der weit jenseits menschlichen Fassungsvermögens liegt. In diesem letzten Bemühen, jenem Verirrten zu helfen, nehmen himmlische Wesenheiten in unvorstellbarem Erbarmen einen Teil der Verantwortung für dessen Evolution auf sich. Sie helfen damit dem Unverbesserlichen auf eine Art, die seine Verdienste und auch seinen eigenen Willen weit übersteigen.

Bei jenen menschlichen Rebellen handelt es sich um die traurigen Wesen, die sich auf die Grenzlinie zwischen zwei Welten zubewegen - der menschlichen und der dämonischen. Sie erscheinen wie Kreaturen, die bar menschlicher Gefühle und deren einzige Regungen sadistisch und dämonisch sind, da sie sich dem Zustand inhumaner Intellektualität nähern. Doch nur selten werden diese Seelen nicht durch die sie umgebende zarte und erbarmungsvolle Liebe gerettet. Die verhältnismäßig wenigen unglücklichen Individuen, die sich in die Reihen der sogenannten dritten Evolutionslinie eingegliedert haben, haben gezeigt, daß sie sich für den menschlichen Entwicklungspfad, den Weg der freiwilligen Hingabe des Selbst an die ewige Gottheit, nicht eignen.

Diese Wesen, die absichtlich den Pfad des Bösen beschreiten, werden unweigerlich der vollständigen Rückentwicklung zutreiben, um schließlich in die Urmaterie einzugehen. Geläutert vermögen sie letztendlich erneut den menschlichen Evolutionsprozeß zu beginnen.

Während der „Engel der Geburt" über den Eintritt der Seele in das Erdendasein wacht, führt der „Engel des Todes" sie wieder zurück in ihre wahre Heimat. „Engel des Sterbens" sind fast immer weiblich und gehören zu der Gruppe der „Hüter des Karmas". Wenn dem jeweiligen Lebensplan entsprechend der Augenblick kommt, in dem der Mensch seine Inkarnation beschließt, lösen sie mittels eines elektrischen Strahls die Seele von ihrer irdischen Form, was den physischen Tod bewirkt. Dieses Ereignis erfüllt uns Erdenmenschen oft mit Traurigkeit und dem Empfinden von Verlust. Die Seele jedoch kehrt jubelnd in die inneren Welten zurück.

Das erste himmlische Wesen, das sie in der lichten Welt erblickt, ist der strahlend schöne, von tiefem Mitgefühl erfüllte „Engel des Todes". In unbeschreiblicher Liebe heißt er sie auf dieser längst vergessenen Ebene willkommen.

Bevor die Erinnerung an die Existenz der vierten Dimension zurückkehrt, wird die befreite Seele zu drei Gewässern geführt. Das erste wird der „See der Läuterung" genannt. Wer in diesen See eintaucht, spürt zuerst ein durchdringendes Prickeln. Die aufgeladenen Elemente beleben seine seelischen Kräfte. Die positive Polarität dieser Quelle befreit den Astralleib von seinen Spannungen und negativen Strömungen. Ein Individuum, das von diesen läuternden Wassern berührt wird, gelangt zur Erkenntnis seiner Freiheit und Identität.

Die erneut zurückgekehrte Seele wird dann zu dem „See des Friedens" geleitet, dessen Wasser in einem strahlenderen Blauton leuchtet als der erste See. Der „Engel des Todes" weist sie an, in die Fluten einzutauchen, die sie mit ihren Gaben beschenken werden. Die dritte Quelle ist der „See der Erneuerung". Er besitzt eine blaugrüne Ausstrahlung und ist empfänglich für bestimmte Frequenzen der geistigen Sonne. Durch dieses Gewässer erlangt das Individuum den Kontakt zur Quelle immerwährender Energie, die es während seines gesamten Aufenthaltes in den inneren Welten nicht verlieren wird. Nach dem Durchschreiten dieser drei Gewässer blickt die Seele auf die bedeutsamen Aspekte des Lebens zurück. Diese Rückschau umfaßt nicht nur ihre Leistungen, sondern auch ihre Fehler und Überschreitungen des göttlichen Gesetzes. Sie muß den Schmerz, den sie anderen zugefügt hat, selbst erfahren. Der „Engel des Todes" bleibt mit ihr bis zum Abschluß der Gedenkfeier in Kontakt.

Flower erinnerte sich an zwei Begegnungen mit dem „Engel des Todes", die sie sehr beeindruckten. Sie, ihr Mann und eine Tante waren beim Heimgang ihrer Großmutter anwesend. Mit einem Mal bemerkte sie ein Flackern der Lichter im Zimmer. Doch weder ihr Mann noch die Tante hatten Notiz davon genommen. Dann erkannte sie, daß der Tod sich auf den höheren Ebenen vorzubereiten begann. Der Raum erstrahlte mehr und mehr, bis das Licht, nach einem blendenden Blitz, plötzlich erlosch. In diesem Augenblick erkannten sie, daß die Großmutter gegangen und nur ihre sterbliche Hülle zurückgeblieben war.

Bevor das Licht zu strahlend geworden war, hatte Flower ein weibliches Engelwesen gesehen, das mit einem Lächeln auf die Sterbende blickte. Später bemerkte sie zu diesem Erlebnis: „Nie werde ich die Schönheit und Liebe im Antlitz dieses „Engels des Todes" vergessen. Es ist wundervoll, aus einer solchen Liebe und Mitgefühl heraus vom physischen Körper befreit zu werden."

Ein anderes Mal beobachtete Flower diese herrlichen Engel in Argentinien. 1967 befand sie sich mit einer Gruppe auf einer Pilgerfahrt durch Südamerika. Aufgrund des stürmischen Wetters hatte es zahlreiche Verspätungen bei den Flügen gegeben. Schließlich befanden sie sich an Bord eines Flugzeugs, das sie nach Bariloche bringen sollte. Der Pilot war jedoch sichtlich verärgert über die Anweisung, bei diesen schlechten Wetterverhältnissen zu starten. Flower fühlte Gefahr und wollte mit ihrer Gruppe aussteigen. Doch der ungeduldige Flugkapitän verweigerte ihr die Erlaubnis und brachte die Propellermaschine auf Touren. Sie blickte aus dem Fenster und nahm verblüfft die „Engel des Todes" wahr, die ihre Situation sorgfältig beobachteten. Plötzlich erkannte sie den Ernst der Lage und wußte, daß etwas Schreckliches geschehen würde. In diesem Augenblick trat der Pilot, der über die Startbahn hinausgeschossen war, heftig auf die Bremsen. Die Maschine geriet dadurch ins Schleudern und landete teilweise seitwärts im Feld. Das Fahrgestell brach zusammen und trieb die Maschine mit der Tragfläche in den Boden. Einer der Propeller riß sich los und schoß durch die Passagierkabine, nur wenige Zentimeter an Flowers Sohn vorbei. Das Flugzeug, das glücklicherweise nicht Feuer fing, kam schließlich taumelnd zum Stehen.

Das unendliche Mitgefühl und die tröstende Gegenwart dieser liebevollen großen „Engel des Todes" beeindruckten Flower am tiefsten. Dieses Erlebnis unterstrich für sie die Aussage des Apostels Paulus: „Tod, wo ist dein Stachel? Grab, wo ist dein Sieg?"

Engel
und Menschen

Flower wollte mit ihren Berichten über das Engelreich nicht nur Tatsachen offenbaren, sondern vielmehr zu der persönlichen Erfahrung dieser herrlichen Wesen hinführen, so daß wir ihren segensreichen Einfluß und ihre Inspiration bewußt aufzunehmen vermögen.

Die Sehnsucht nach Erleuchtung und der Nähe Gottes wird uns den Weg zu ihnen ebnen. Zwei Faktoren wirken unserem geistigen Bemühen jedoch entgegen. Zum einem betrachten die meisten Menschen nur jene Dinge als Realität, die sie mit ihren fünf Sinnen zu erfassen vermögen. Nur ein bewußter, aktiver Glaube hält jedoch die Wirklichkeit der inneren Welten lebendig und schützt sie vor der Dominanz eines kalten Intellektes.

Mit der Entwicklung unseres sechsten Sinnes vermögen wir eine Brücke zu den Engeln zu bauen. Die innere Wahrnehmungsfähigkeit öffnet nicht nur die Tore zum Engelreich, sondern auch zu Gott und den höheren Welten.

Die Intuition führt zur Entfaltung der übernatürlichen Sinne. Wir nehmen Informationen entweder direkt, das heißt mittels unserer fünf Sinne, oder indirekt über unsere Intuition auf. Bei der ersten Form handelt es sich um einen konkreten, faßbaren Vorgang, während im zweiten Falle eine Fähigkeit angesprochen ist, die jenseits der physischen Ebene liegt. Die Intuition schafft eine Verbindung zur Welt der Ideen, des geistigen Lebensplanes und der Vorstellungskraft. Sie stellt das Tor zur inneren Wahrnehmung dar. Eine weise Entfaltung dieser Fähigkeit ist ein erstrebenswertes Ziel, da sie die Hauptverbindung zum Reich der Engel bildet.

Die Entwicklung des sechsten Sinnes, der uns Einblick in die verschiedensten unsichtbaren Bereiche gewährt, verliert ihren geistigen Wert, wenn sie der eigennützigen Faszination für das Okkulte entspringt und somit zur gefährlichen Übung wird. Im schlimmsten Falle führt sie zu Betrügerei und Mißbrauch. Trotz bester Absichten handelt es sich oft lediglich um Wunschdenken und idealistische Spekulation.

Die wahre Verbindung mit den Engeln entsteht aus dem Verlangen, den Willen Gottes zu erfüllen. Entscheidend ist es, das spirituelle Leben in seiner ursprünglichen Form zu gestalten. Hinzu kommt, daß wir möglichst viele Informationen über Engel sammeln sollten.

Als erstes treten wir wahrscheinlich mit unserem Schutzengel in Verbindung. In seiner Eigenschaft als spiritueller Lehrer steht er uns am längsten zur Seite. Ohne seine Unterstützung wäre es den Menschen nur in den seltensten Fällen möglich, ein geistiges Interesse wachzuhalten oder den Mut zu spirituellem Wachstum aufzubringen.

Wir sollten uns mehrmals am Tage die Anwesenheit der himmlischen Lichtwesen vergegenwärtigen und eine zunehmende Sensitivität für ihre Anweisungen entwickeln. Obwohl der einzelne seinen eigenen Weg bestimmen mag, haben sich folgende Vorschläge als nützlich erwiesen.

Ein wesentlicher Schritt besteht darin, sich die Wirklichkeit der Engel regelmäßig und zu bestimmten Zeiten ins Gedächtnis zu rufen. Es ist sehr hilfreich, ein Tagebuch anzulegen und den Vorsatz mit seinen Ergebnissen in schlichten Worten niederzuschreiben. Die Eintragung mag zum Beispiel lauten: „Ich werde meine Gedanken mindestens viermal am Tage den Engeln zuwenden und jedesmal meine Eindrücke und Beobachtungen vermerken." Führe genau Buch und sei ehrlich gegen dich selbst! Finde Wege, deine Erfahrungen zu vertiefen!

Eine sechswöchige Periode, zum Beispiel die Fasten- oder Adventszeit, bietet genügend Möglichkeit, eingefahrene Verhaltensmuster oder alte Angewohnheiten zu ändern. Wenn sich danach diese Methode nicht mehr als nutzbringend erweist, sollte man sich einer anderen Übung bedienen.

Flower hat ihre Schüler stets davor gewarnt, dramatische oder außergewöhnliche Erfahrungen zu erwarten. Die innere Wahrnehmungsfähigkeit entfaltet sich stufenweise, vergleichbar mit dem Heraufdämmern eines neuen Tages. Man sollte geistige Kräfte niemals erzwingen wollen.

In gewissen Kreisen besitzen Phänomene ein hohes Ansehen, was die Gefahr in sich birgt, Kräften zu erliegen, die jenen gleichen, die durch Hypnose herbeigeführte Visionen hervorbringen. Doch unser Verlangen, mit den Engeln in Kontakt zu treten, muß einer reinen und uneigennützigen Absicht entspringen und nicht dem Wunsch, unsere Mitmenschen zu beeindrucken.

Die Natur, insbesondere die Einsamkeit der Gebirge, bietet das beste Umfeld, unsere Nähe zu den Engeln zu entfalten, vor allem wenn wir alleine sind. Unseren Alltag mit seinen Sorgen und Problemen beiseite schiebend, spüren wir, wie die belebenden Energieströme der Natur unsere Seele erfüllen. Aber auch ein Park oder sogar ein kleiner Garten bieten die Möglichkeit für ein solches Erleben, besonders wenn wir eine Weile ohne Ablenkung dort zubringen können. Unsere Eindrücke, Einsichten und Augenblicke geistiger Erhebung sollten wir notieren.

Andere Orte, an denen wir Engel finden, sind Stätten der Anbetung, wie Kirchen, Kathedralen oder Plätze, die großen Seelen geweiht sind. Über dem Lincoln Memorial in Washington, um ein Beispiel zu nennen, hält sich ein herrliches Engelwesen auf, der sogenannte „Engel der Nation".

Assisi in Italien zieht zahlreiche Engel an, die Christus dienen. Franziskus errettete seinerzeit das Christentum von den politischen Machenschaften des Mittelalters und ließ den Geist Christi wieder in das Bewußtsein der Kirche einfließen. Ein weiterer Ort, an dem Engel-Kräfte zugegen sind, befindet sich in Neu Delhi in Indien; es ist das Grabmal von Mahatma Gandhi. Dies sind nur einige Beispiele berühmter Stätten. Es gibt noch zahlreiche andere, die jedoch kaum bekannt sind.

Entscheidend für die Entwicklung höheren Bewußtseins ist die Zeit der Stille. An einem geweihten Ort mögen wir in dieser Stille den Energiestrom der anwesenden Engelwesen erkennen.

Stelle dir folgende Fragen: Welches sind die besonderen Merkmale dieses Ortes? Spüre ich eine Wesenheit? Dringt ein Gefühl, eine Inspiration, eine Farbe oder eine Musiknote in mein Bewußtsein? Notiere deine Eindrücke. Im Laufe der Zeit wird sich dein Gespür in einer Weise verfeinern, daß du mit den Engeln in Kontakt zu treten vermagst.

Große Kunstwerke stellen oft ein Eingangstor zum Engelreich dar. Dies zeigt sich sehr deutlich bei dem Gemälde „Das Abendmahl" von Leonardo da Vinci oder dem „David" von Michelangelo. Gleiches gilt für Kunstgalerien, deren Ausstellungsstücke Heiligkeit oder Würde ausstrahlen. Die Engel erfreuen sich nicht nur dieser aurischen Energien, die diese Meisterwerke umgeben, sondern inspirieren den aufnahmefähigen Betrachter in einer Weise, die diesen tief berührt.

Der Schutzengel schätzt solche Gelegenheiten ganz besonders, um das Herz seines Schützlings anzuregen. Solche Momente führen oft zu völlig neuen Einsichten, Bemühungen und Veränderungen im Leben des Menschen.

Auch die Musik kann eine Brücke zu den inneren Welten schlagen. Wenn wir einer Symphonie, einer Oper oder einem bewegenden Konzert lauschen, vermögen diese Energien uns auf eine höhere Bewußtseinsstufe zu erheben. In einzigartiger Weise vermag uns die Musik zu umhüllen, in uns einzusinken und uns ungeahnte Dimensionen zu eröffnen. Im Gegensatz zu Skulpturen und Gemälden entfaltet sie ihr eigenes Leben im Zuhörer.

Hal Lingerman, der Autor von zwei Büchern zu diesem Thema („Geheimnisse großer Musik" und

„Life Streams“), hat mit Hilfe von Flower ausführlich über von Engeln inspirierte Musikstücke geschrieben. Er nennt mehr als fünfzig Kompositionen. Dazu gehören das „Halleluja“ aus Händels Messias, „Panis Angelicus“ von Franck, Mahlers „Symphonie No.2“ (Die Auferstehung) und der „Ritt der Wallküre“ von Wagner.

Ein Komponist, der die Fähigkeit erweiterter Wahrnehmung besitzt, vermag die Tonfolgen der Sphärenmusik aufzunehmen und solche herrlichen Meisterwerke der Musik zu schaffen. Licht und Farbe verleihen den inneren Welten Leben, der Klang und die Musik die Dynamik. Aus dieser unerschöpflichen Quelle ergießen sich Ströme von Melodien und Hymnen, die die „Engel der Musik“ zum Lobe Gottes und Seiner Schöpfung in die Äther senden.

Es gab eine Zeit, in der ein Musikstück jedesmal neu gespielt werden mußte, um sich seiner erfreuen zu können. Obwohl der Adel die Musik für seine Zwecke in Auftrag gab, konnte selbst ein König nicht befehlen, daß ein inspiriertes Musikstück jedesmal makellos gespielt wurde. Heute gibt es Aufnahmen solcher Vorführungen, die man immer wieder anhören kann. So ebnen uns allen die schöpferischen Energien der Musik den Weg zum Engelreich.

Eine andere Kunstform, die die himmlischen Wesen anzieht, ist der Tanz, besonders wenn er Freude, Ehrerbietung und universale Liebe zum Ausdruck bringt.Klassische Beispiele sind Tschaikowskys „Schwanensee“ und die künstlerische Darstellung des Tänzers Nijinsky oder der Primaballerina Pavlova.

In vielen Religionen der Antike verbanden sich die Bewegungen der Tempeltänzer mit den Gebeten zu Ehren der Gottheit. Flower selbst, die sowohl während eines Lebens in Ägypten als auch im Verlauf einer Inkarnation in Griechenland als Tänzerin im Tempel diente, integrierte diese Form der Verehrung in Questhaven, vor allem während der Festlichkeiten zu Ehren des Erzengels Michael, zu Weihnachten, zu Ostern und anläßig der Sommersonnenwende.

Diese Form der Kunst bildet eine natürliche Brükke zwischen der Welt der Engel und unserem Reich, da die Anwesenheit der himmlischen Besucher eng verbunden ist mit einer Atmosphäre der Anbetung und Hingabe sowie der Anmut und Schönheit der Tanzbewegungen.

Abschließend sei die Kunstform des gesprochenen und geschriebenen Wortes zu erwähnen. In ihrer Zeit war Flower wohl eine der glühendsten, wortgewandtesten und bewegendsten Botschafterinnen für das Engelreich. Sie berührte die Herzen der Menschen in einzigartiger Weise. Sie wußte, wovon sie sprach. Aufgrund ihrer Hellsichtigkeit lebte sie in zwei Welten. Sie mußte nicht spekulieren. Sie schaute unmittelbar in die Reiche der Engel hinein. Ihre Informationen über diese Sphäre mit ihren leuchtenden Wesen sind daher einzigartig.

Das geschriebene Wort erreicht einen größeren Interessentenkreis. Neben zahlreichen Berichten im Alten und Neuen Testament, dem Buch Henoch und den Apokryphen, werden Engel zum Beispiel in den Schriften von William Blake, Geoffrey Hodson, Emmanuel Swedenborg, Thomas von Aquin und Jakob

Böhme erwähnt. Flower beschreibt in ihren beiden Büchern „Engel und Devas“ und „Lichtwesen“ das Reich dieser himmlischen Heerscharen sehr klar und aufschlußreich.

Die Inspiration der Engel läßt sich auch in Theaterstücken finden, vom antiken Griechenland über Shakespeare bis in unsere Zeit. Die Dichtkunst von den Psalmen des David bis hin zur Lyrik eines Oscar Hammerstein berühren die Welt der Engel.

Eine unübersehbare Fülle von Schriften, die die Tore des Bewußtseins öffneten, neue Horizonte offenbarten, Herzen berührten und lebensverändernd wirkten, dienten den Engeln als Mittel, auf den Leser einzuwirken. Sorgfältig beobachten sie uns, wenn wir uns solcher Lektüre widmen, und warten auf den Augenblick, in dem wir uns für ihre Nähe öffnen.

Wenn irgend etwas, gleichgültig in welcher Lebenssituation, einen tiefen Eindruck in uns hinterläßt, können wir sicher sein, daß ein Engel unsere Aufmerksamkeit erregte. Auf diese Weise vermögen die himmlischen Boten unserem Leben neue Impulse und Frische zu geben und unser Seelenwachstum zu fördern.

Die Engel
und der geistige Pfad

Die Engel, insbesondere die Schutzengel, besitzen die Fähigkeit, Eindrücke, Erkenntnisse, intuitive Einsichten und Anregungen zu übermitteln. Bis zur vollständigen Entfaltung unseres sechsten Sinnes und unserem direkten Kontakt zu diesem Reich, bedienen sie sich dieser Wege, um uns zu erreichen. Solche Erfahrungen ereignen sich völlig unerwartet. Eine Erkenntnis oder ein Gedanke tauchen urplötzlich in uns auf. Bisweilen manifestiert sich der Einfluß eines Engels im Laufe einer Situation oder in der Begegnung mit einem Individuum oder einer Gruppe. Sie verfügen über einen erstaunlichen Einfallsreichtum, wenn sie zu uns durchdringen wollen. Einen Grundsatz verletzen sie dabei jedoch nicht; sie greifen niemals in die freie Willensentscheidung des Menschen ein. Sie unterweisen, erinnern und inspirieren uns oder stellen uns herausfordernden Bedingungen gegenüber, doch wir sind es, die letztendlich die Wahl treffen.

Einige mögen dies als unwirksam und Vergeudung erachten, da wir Menschen wankelmütig sind und dazu neigen, Irrtümer zu begehen. Wäre es da nicht einfacher, direkt von Gott angewiesen zu werden, um Fehler und Fehlentscheidungen zu vermeiden? Gottes Plan für den menschlichen Evolutionspfad besteht jedoch darin, daß der einzelne durch die Konsequenzen seiner Handlungen lernt. Mit anderen Worten, wir alleine sind verantwortlich für die Gegebenheiten, die wir vorfinden, und können sie nicht länger dem Schicksal zum Vorwurf machen.

Der Schutzengel und die „Erwecker“, die im Dienste des Hl. Geistes stehen, richten ihr Augenmerk besonders auf die dunkle Seite unserer Persönlichkeit. Allzu lange haben wir unserer Ichbezogenheit, Trägheit und den vielen eingefahrenen Angewohnheiten und Verhaltensweisen, die uns zurückhalten, nachgegeben. Wir müssen uns aufraffen, die Schatten der Verlockung und Zügellosigkeit hinter uns zu lassen. An ihre Stelle sollte die Suche nach Erleuchtung, die Vervollkommnung des Charakters sowie das tiefe Verlangen treten, das Selbst aufzugeben, damit Gott unser gesamtes Sein zu erfüllen vermag.

Die Ichbezogenheit und Unaufrichtigkeit der menschlichen Natur wirken am abstoßendsten auf einen Engel. Allein der Gedanke, das eigene Ich vor Gott zu setzen, ist diesen himmlischen Lichtwesen unvorstellbar. Gleiches gilt für die Unaufrichtigkeit. Wenn wir bewußt einen falschen Eindruck hinterlassen und nicht ehrlich meinen, was wir sagen, legen wir nicht nur unserem Fortschritt ein gewaltiges Hindernis in den Weg, sondern verbauen auch unseren Zugang zum Reich der Engel.

Die Beziehung zwischen dem Ego und der Seele weist ein klassisches Muster auf. Nachdem wir viele Leben im Zwielicht von Wahrheit und Täuschung zugebracht haben, gelingt der Durchbruch. Er mag allmählich in uns heraufdämmern oder uns wie ein Lichtblitz aus heiterem Himmel treffen. In jedem Falle aber besitzt er eine transformierende Wirkung, und wir erkennen den Weg, den wir zu beschreiten haben. Diese Erleuchtung ist begleitet von einer ungewöhnlich optimistischen Einstellung, die Robert Browning in die Worte kleidete: „Gott weilt in Seinem Himmel, und die Welt ist in Ordnung."

In unserer grenzenlosen Begeisterung mögen wir den Beginn unserer spirituellen Reise fälschlicherweise als deren Ende betrachten. Doch unser Streben nach der Erkenntnis Gottes hat erst begonnen. Wir sehen uns gewaltigen Herausforderungen und Prüfungen gegenüber, die dem Schüler die Möglichkeit bieten, seine niederen Aspekte zu läutern.

Gerade in dieser Zeit lenken der Schutzengel und der „Erwecker" unsere Aufmerksamkeit auf unerledigte Arbeiten. Unser Schutzengel, der unseren nächsten Wachstumsschritt am klarsten erkennt, beobachtet sorgfältig unsere Bereitschaft und entwickelt einen Plan. Dann bringt er uns in irgendeiner Form unsere Bedürfnisse zum Bewußtsein. Mit seiner Hilfe beginnen wir unseren Umwandlungsprozeß.

Nichts bereitet einem Schutzengel oder „Erwecker" größere Freude als unser Sieg über eine schlechte Angewohnheit oder Neigung, da er in den inneren Welten den Fortschritt eines Menschen um eine Stufe höher auf der Evolutionsleiter signalisiert.

Das Erwachen der Seele kennzeichnet den Beginn des Entwicklungsweges auf Erden. Flower spricht darüber in einer ihrer frühen Schriften, die den Titel „Die Lebensschule" trägt. Sie vergleicht die einzelnen Inkarnationen mit Schulklassen. Nicht begriffene Lektionen bedürfen solange der Wiederholung, bis sie schließlich gemeistert werden.

Wenn jemand auf der Suche nach der Wahrheit den Lehren der christlichen Mystik begegnet, übt das neugewonnene Wissen oft einen derartigen Einfluß auf den Menschen aus, daß dieser glaubt, die Geheimnisse des Universums zu kennen. Er setzt Wissen und Errungenschaft auf eine Stufe. Doch es kommt der Augenblick, in dem es ihm schmerzlich zum Bewußtsein kommt, daß die beiden Aspekte, die Kenntnis der Wahrheit und ihre Anwendung im Leben, weit auseinanderklaffen. Um die Kluft zu überbrücken, bedarf es oft vieler Leben fleißigen Bemühens, diese schwierige Aufgabe zu bewältigen.

Der Jünger steht an einem Wendepunkt. Ist er auch weiterhin davon überzeugt, sich auf dem richtigen Weg zu befinden, gleichen sich seine Erwartungen der tatsächlichen Ebene an, die allmählich zu stufenweisem Fortschritt führen wird. Andererseits kann ihn jedoch eine solche Ernüchterung befallen, daß ihn sein Wissen belastet und er sich enttäuscht abwendet.

Es gibt Schulen der Philosophie, die das Böse als Illusion betrachten. Als überzeugter Optimist setzt der Mensch einfach alles Leben in ein positives Licht und erhebt sich somit über ein gequältes, beunruhigtes Bewußtsein hinaus. Die Schwierigkeit besteht jedoch darin, daß wir den Christus-Pfad - den Sieg über das Böse und die Kreuzigung, die völlige Hingabe an Gott - dabei ignorieren. Das Erkennen unseres eigenen persönlichen Schattens ist wesentlich, damit wir das Böse überwältigen, wo immer es uns entgegentritt.

Eine positive Lebenseinstellung ist durchaus nicht falsch, doch wir müssen sie in die rechte Perspektive setzen, damit sie unser geistiges Wachstum fördert.

Die Engel kennen hochfliegende Hoffnungen und Enttäuschungen nicht. In ihrem selbstlosen und unermüdlichen Dienst unterstützen sie uns in unendlicher Geduld. Sie sind ehrlich und aufrichtig.

Ein Engel wird niemals die Tatsachen unserer Fehler und Unzulänglichkeiten verdrehen. Aus ihrer unvorstellbaren Liebe heraus korrigieren sie uns und stehen uns trotz unserer Unwissenheit, Gleichgültigkeit und unserem Widerspruch treu zur Seite.

Freudig erfüllt der Schutzengel seine Aufgabe und wartet geduldig auf solche Momente, in denen wir uns öffnen und mit seiner Unterstützung von den Fesseln der niederen Natur, die uns gefangenhalten, lösen. Langeweile kennt er nicht.

Oft bedient er sich unseres Gewissens, das wie eine Alarmanlage wirkt, wenn wir uns in Gefahr begeben. Beginnen wir in der Auseinandersetzung mit unserem Gewissen die Wahrheit zu verdrehen oder die Unwahrheit zu rechtfertigen, ist es an der Zeit, uns genau zu prüfen. Dann haben wir einen Punkt erreicht, der uns zur Stille und Aufnahmebereitschaft für die Anweisungen der himmlischen Helfer zwingt.

Vieles vermitteln sie uns in der Sprache der Zeichen und Symbole, einer alt-ehrwürdigen Kommunikationsform mit der Welt Gottes. Unsere Intuition vermag diese Sprache zu entschlüsseln. Oft geschieht es, daß wir zum Beispiel in einer Bibliothek nach einer bestimmten Information zu einem speziellen Thema suchen und eine unerwartete Entdeckung von weitaus größerer Bedeutung machen. Unser Schutzengel bedient sich häufig solcher Gelegenheiten, um unsere Aufmerksamkeit auf für uns wichtige Dinge zu lenken.

Er hilft uns auch, verlorene Sachen wiederzufinden. Wenn unsere eigenen Bemühungen erfolglos geblieben sind und wir einen Augenblick innehalten, um ihn vertrauensvoll um Beistand zu bitten, wird er uns wahrscheinlich zu dem vermißten Gegenstand führen. Es darf uns nicht verwundern, wenn er sich dort vorfindet, wo wir zuerst gesucht haben.

C.G. Jung beschrieb als erster die Erfahrung der Synchronizität, des Aufeinandertreffens von zwei Ereignissen, die auf den ersten Blick in keinerlei Beziehung zueinander stehen, jedoch lebensverändernd wirken können, da sie unsere Aufmerksamkeit erregen. Ein Beispiel für diesen Umstand findet sich in einer bemerkenswerten Szene des Films "Ben Hur“. Die Römer hatten den jüdischen Kaufmann adeliger Herkunft verurteilt, lebenslänglich als Sklave auf ihren Kriegsgaleeren zu arbeiten. Auf ihrem Weg zur Mittelmeerküste durchquerten die Gefangenen ein kleines Dorf, um an dessen Quelle auszuruhen. Der dürstende Ben Hur lechzte verzweifelt nach einem Schluck Wasser, der ihm jedoch von dem römischen Aufsichtsbeamten verweigert wurde. Doch kein anderer als Jesus von Nazareth selbst reicht ihm im Film die Wasserkelle. Diese schicksalhafte Begegnung sollte einen tiefen Wandel im Leben dieses Sklaven hervorrufen.

Es ist äußerst wichtig, darauf zu achten, daß wir unsere Gedanken immer wieder zum Reich der Engel erheben und diesen leuchtenden Lichtwesen unsere Anerkennung und unsere Dankbarkeit entgegenbringen. Solche Momente verbinden uns mit ihren Schwingungen und öffnen die Tore der Intuition.

Zur Erhöhung unserer Aufnahmefähigkeit halten wir einen Moment inne und sprechen aufrichtig, voller Vertrauen und heiliger Erwartung die Worte, die Flower selbst benutzte, wenn sie um Kontakt mit der Göttlichen Quelle bat:

„Geistige Welten,
Welten des Geistes,
Sendet Euer Licht auf mich herab."

Fühle beim Sprechen dieser Worte die Schleier der Verblendung abfallen. Entspanne und werde ruhig. Lasse die Göttliche Gegenwart in deine Seele sinken.

„Möge sich das göttliche Wort,
Die Taufe der Kraft,
Als heilende Erfahrung,
in mein Herz senken."

Halte erneut inne und spüre, wie dein gesamtes Sein empfänglich und durchlässig wird für die innere Anweisung. Dann sprich voller Freude und Dankbarkeit:

„Von jetzt an will ich ein treuer und mutiger
Diener der Wahrheit sein"

Die letzten Worte sind in diesem Falle von besonderer Bedeutung. Wenn wir uns an die inneren Welten wenden, kommt es auf unsere Motivation an. Die bewußte Bitte um Gottes Hilfe bringt eine große Verantwortung unsererseits mit sich. Gleichgültig was nach einem solchen Gebet auf uns zukommt, wir müssen es erfüllen.

Zunächst wird es sich dabei vorwiegend um Einsichten und Eingebungen in bezug auf die kleinen Dinge handeln. Die Engel wissen nur zu gut, daß es gerade die „Nichtigkeiten" sind, die wir gerne vernachlässigen. Größere Pflichten und Verantwortlichkeiten erfüllen wir, da sie nach außen hin sichtbar sind und für unsere Umwelt Folgen haben können. Doch wie wir mit den kleinen Dingen umgehen, enthüllt unseren wahren Charakter.

Unser geistiges Wachstum liegt daher im Kleingedruckten unserer Lebensgeschichte.

Doch neben der Vollendung unerledigter Arbeiten gibt es eine Fülle von Entdeckungen, beispielsweise in der Wahrnehmung alltäglicher Dinge. Dieses Wahrnehmungsvermögen kann durchaus schöpferisch sein, wie William Blake es einmal ausdrückte:

„Eine ganze Welt in einem Sandkorn,
Und die Himmel in einer Wildblume sehen."

Die Möglichkeiten der Betrachtungsweise sind unerschöpflich. Die Engel bedienen sich dieser Fähigkeit, indem sie sie verfeinern und uns offenbaren. So öffnen sie den Zugang zu einer Welt, die jenseits der alltäglichen Erfahrungen liegt, was letztendlich zur Erleuchtung führt. Ein klassisches Beispiel für dieses Phänomen ist Saulus, der plötzlich Christus erblickt und zum Paulus wird. Weniger dramatisch mag sich für uns die plötzliche Erkenntnis erweisen, daß das Leben uns eine kostbare Gelegenheit bietet, reich an Möglichkeiten und Offenbarungen. In einem stillen Augenblick mögen wir in unserem Mitmenschen eine nie zuvor bemerkte wertvolle Eigenschaft sehen, die die gegenseitige Beziehung völlig verändern kann. Solche Erlebnisse tragen zweifellos die Handschrift unseres Schutzengels. Wurde die Grundlage geschaffen und ist der richtige Zeitpunkt gekommen, wird er zum Katalysator, der uns auf die neue Bewußtseinsstufe hebt.

Unser Schutzengel gleicht einem Bildhauer. Sorgfältig studiert er unsere Züge und meißelt nach und nach unser wahres Sein heraus. Nicht er wählt den Zeitpunkt dieser Verfeinerung, sondern er wartet geduldig auf unsere Bereitschaft und unser Wollen. Wir Menschen neigen dazu, uns allein unsere Errungenschaften zuzuschreiben. Doch es muß eine Zeit kommen, in der wir erkennen und freimütig eingestehen, daß wir stets in Zusammenarbeit mit den Engeln leben.

Flower A. Newhouse

Die Engel der Natur

Ein einzigartiger Führer durch die Welt der Engel und Naturgeister.
Die beeindruckendsten Berichte über die hellsichtigen Wahrnehmungen von Flower A. Newhouse im Reich der leuchtenden Naturgeister und Engel der Blumen und Pflanzen.
Das ganze Buch ist vierfarbig illustriert mit Gemälden von Jonathan Wiltshire, der aufgrund der Beschreibung von Flower A. Newhouse faszinierende Portraits der Naturgeister und Engel anfertigte.
Ein „Engel-Buch", das sich von allen anderen durch seine Authentizität und die an der geistigen Wirklichkeit orientierten Bilder auszeichnet!

Hardcover mit Schutzumschlag
30 Farbtafeln
ISBN 3-89427-073-X

Das Gesamtwerk

FLOWER A. NEWHOUSE

im Aquamarin Verlag

- **Engel und Devas**
  Paperback, ISBN 3-922936-17-2
- **Der Weg der göttlichen Liebe**
  Gebunden, ISBN 3-922936-43-1
- **Das Weihnachtsmysterium in geistiger Schau**
  Paperback, ISBN 3-922936-02-4
- **Die Tore der Weisheit**
  Paperback, ISBN 3-922936-28-8
- **Fragen und Antworten**
  Gebunden, ISBN 3-89427-012-8
- **Lichtwesen**
  Paperback, ISBN 3-922936-30-X
- **Schlüssel zum inneren Wachstum**
  Paperback, ISBN 3-922936-63-6
- **Das Christuslicht**
  Paperback, ISBN 3-922936-21-0
- **Die Engel der Natur**
  Gebunden, ISBN 3-89427-073-X

Die Biographie von Flower A. Newhouse
(von Stephen Isaac)

- **Die Suche nach Wahrheit**
  Gebunden, ISBN 3-922936-39-3

Gwennie Armstrong Fraser

Im Licht der Engel

Nach über zwanzig Jahren haben sich die Devas des Findhorn-Gartens wieder offenbart. Sie übermittelten neue Botschaften über die Zusammenhänge des Engel- und Naturreiches und die Möglichkeiten der Zusammenarbeit der Menschen mit höheren Intelligenzen einer anderen Wirklichkeit.
In allen Einzelheiten zeigen die Pflanzen-Devas die einzigartige Struktur des großen göttlichen Lebensplanes und die Weisheit der hinter allen Wachstumsprozessen wachenden Intelligenz auf.
Ein wegweisendes Buch zu einer neuen spirituellen Ökologie!

Paperback, 240 Seiten
ISBN 3-89427-091-8